雄山閣アーカイブス　歴史篇

妖怪学入門

阿部主計

雄山閣

鎌田道一君の霊に
君なら少しは面白がってくれたろうから
——著者——

本書は、小社刊 新装版『妖怪学入門』を誤植や間違いを訂正した上で、雄山閣アーカイブスとしてまとめたものです。
（編集部）

【刊行履歴】
初　版『妖怪学入門』一九六八年刊
改訂増補　版『妖怪学入門』一九七一年刊
雄山閣ブックス19『妖怪学入門』一九九六年刊
新　装　版『妖怪学入門』二〇〇四年刊

大正時代の幽霊

奇人画伯といわれた故伊藤晴雨さんが、実見した幽霊を記憶に従って著者に描き与えられた珍資料。ときは大正５年８月上旬、場所は現在の日暮里付近。崖の端を外れて宙に立つ足許を透して、背後の人家の灯が見えたという。

足二本の幽霊（右）
平家の怨霊 義経の船を悩ます　葛飾北為筆（下）

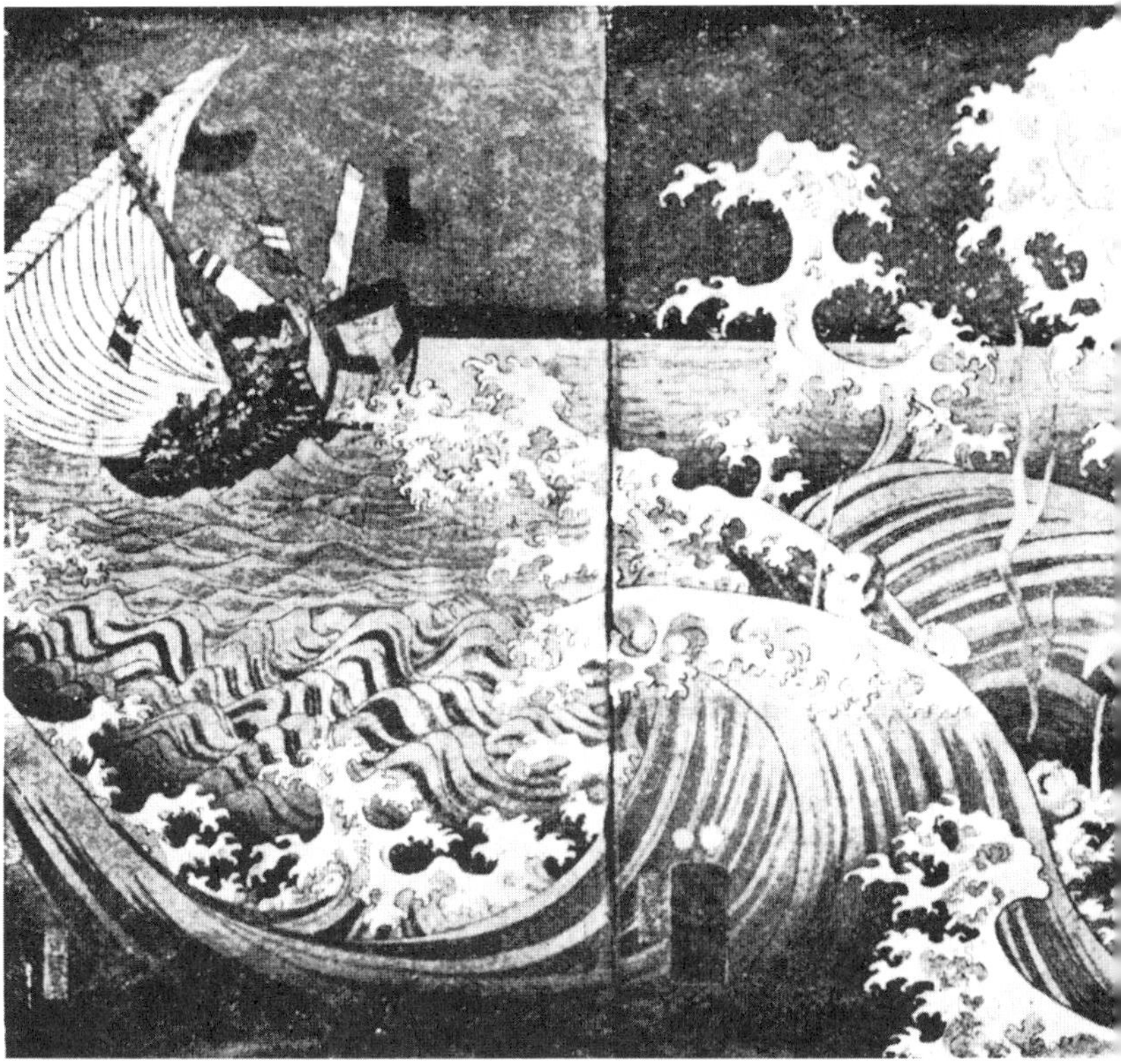

平知盛の怨霊 義経の船を悩ます（上）
佐倉宗吾の幽霊　歌川国芳版画（下）

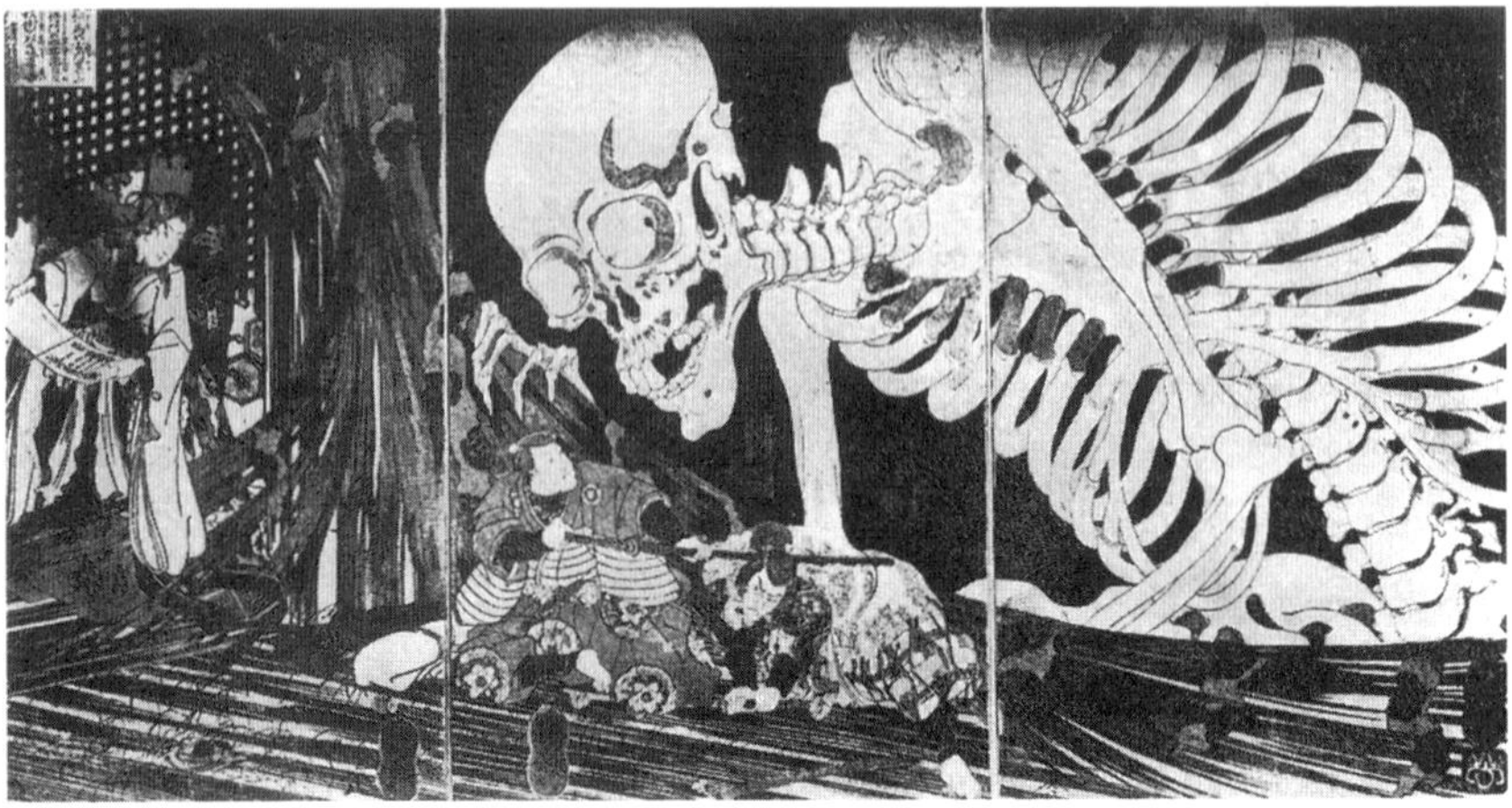

相馬古内裏の怪異　歌川国芳版画（上）
ぬれめ（濡女）の図『妖怪図巻』（中）
ぬけくび（轆轤首）の図『妖怪図巻』（下）

丑の時参り
嫉妬ぶかいは女性のつねであるが、これはその代表的なもの。
忌むべき女の妬心の極度の表現というべきか。

高尾の亡霊

「亡霊は何故此の世へ出てくるか」というと、その大半は怨恨、嫉妬、復讐といったようなネガティブの感慨が此の世に残っている者の罪悪感に投影して幻覚をおこすのであろう。

高尾の霊　井川洗厓筆

遊女の亡霊が生前の思い出を語る「ざんげ物」と呼ばれる場面は、歌舞伎舞踏の伝統の一種である。ことに伊達騒動の一因として伝えられた「仙台高尾」は名高い。

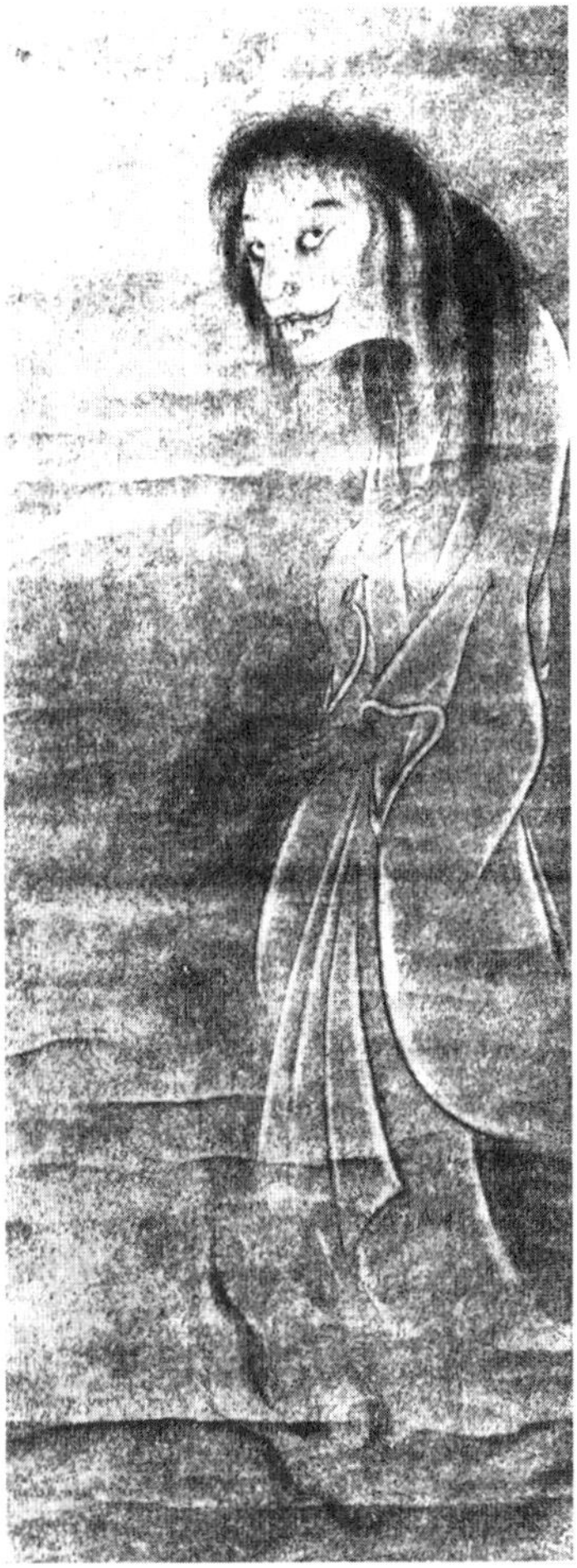

幽霊の図　伝応挙筆

かさね　月岡芳年筆

名優小団次、男女二役の幽霊
豊国筆

安珍を追う清姫の図　『道成寺縁起』

お岩の亡霊

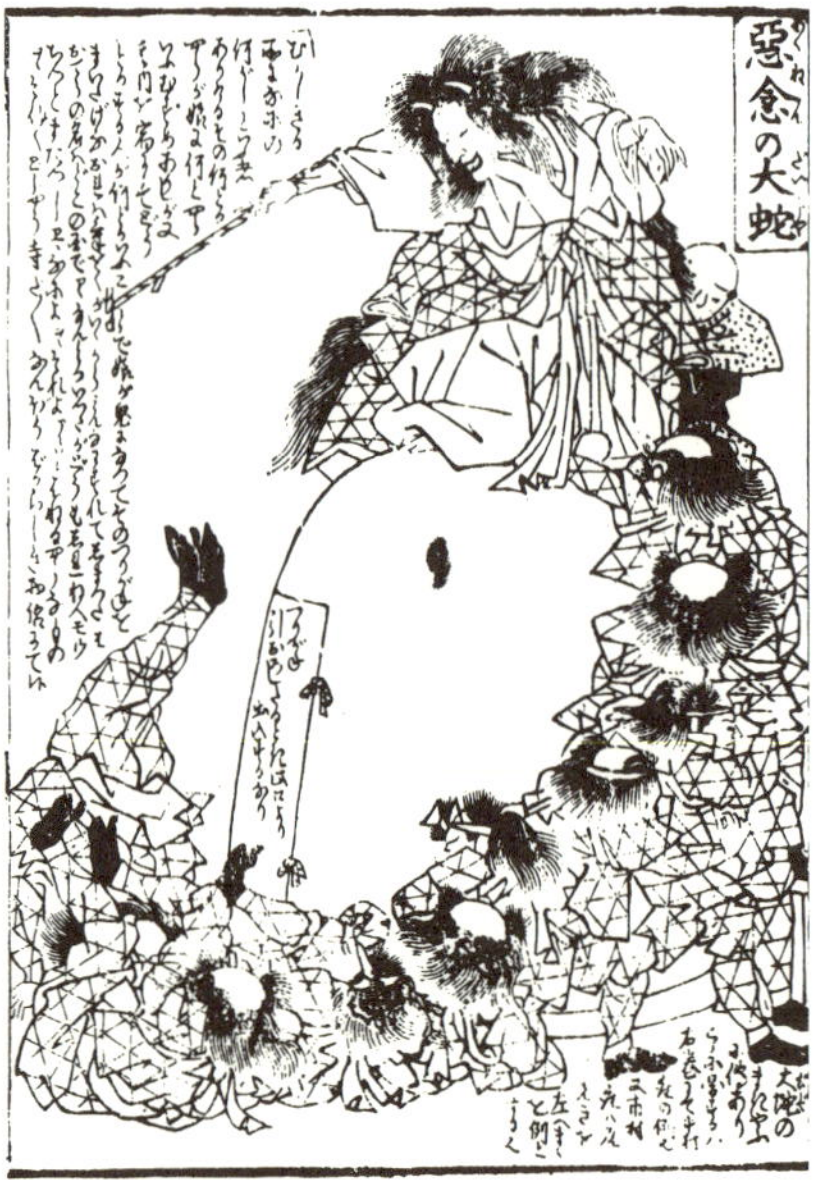

悪念の大蛇
式亭三馬『戯場訓蒙図彙』所載（本文 40 頁）参照

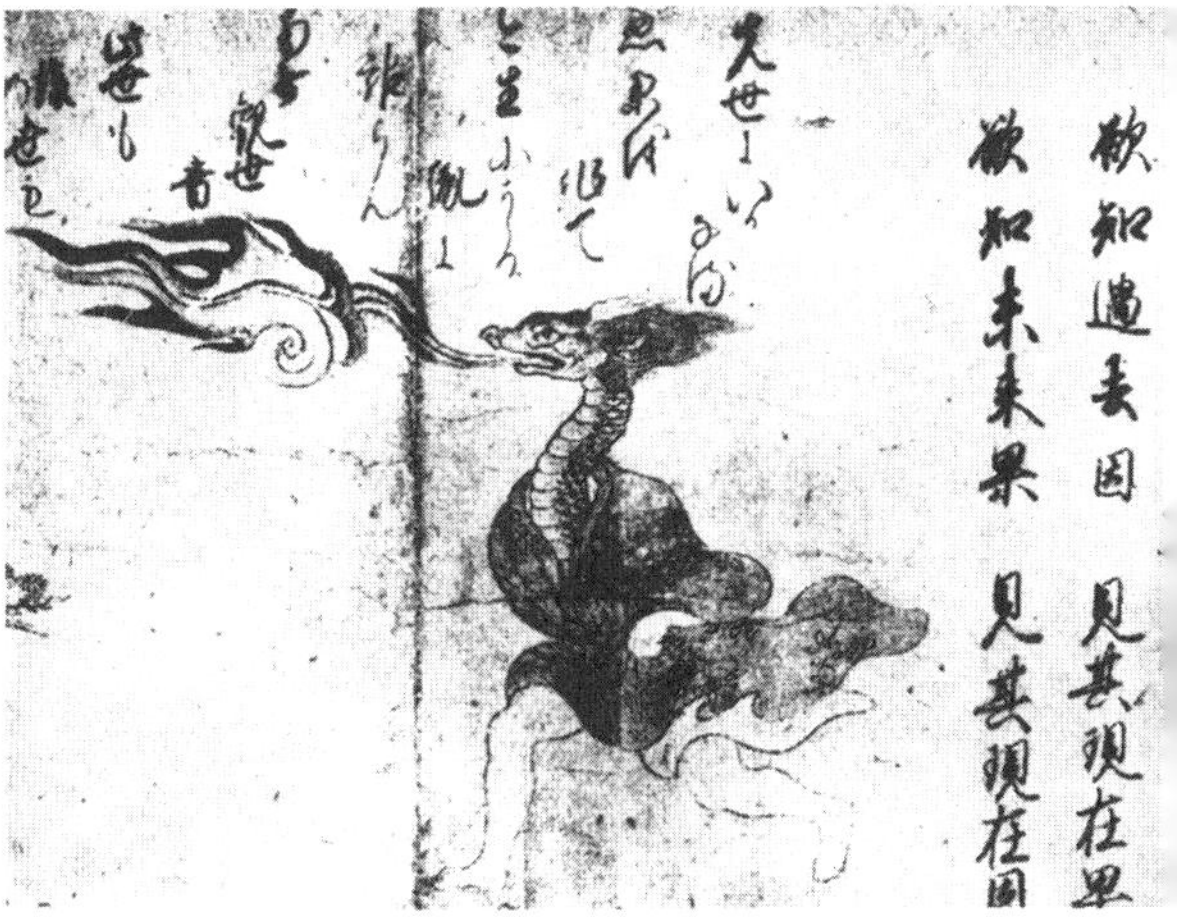

牡丹灯籠　北斎筆

地獄の図　伝藤原信実筆『北野縁起』巻之七（下）
鬼の首と頼光の図　大津絵（左）

大江山の鬼退治　伝狩野元信筆『大江山絵詞』（上）
地獄の図　伝藤原信実筆『北野縁起』巻之七（下）

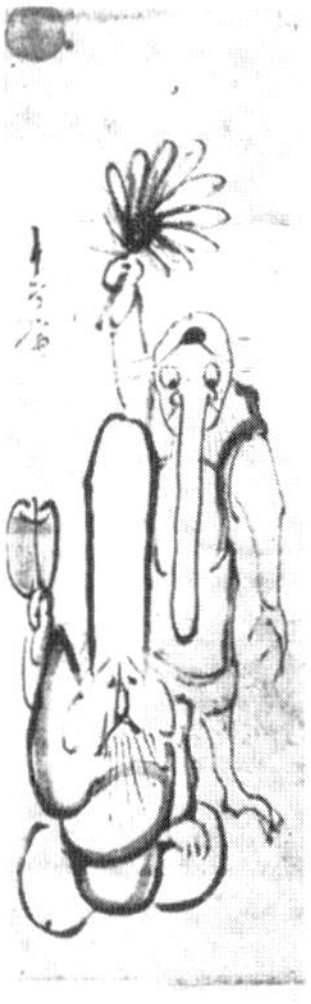

貝太鼓をならす天狗の群　『天狗草紙』（上）
ユーモアのある天狗と象の図　大津絵（下右）
天狗とげほうの漫画　松屋耳鳥斎筆（下左）

岡崎猫（五十三次のうち猫の怪）一鵬斎芳藤版画（上）
岡崎猫　五渡亭国貞版画（下）

頼光邸蜘蛛の怪異　『土蜘蛛草紙』（上）
歌川国長版画（下）

九尾の狐の芝居絵　歌川国芳版画（下右）
葛の葉狐（木曾街道六十九次のうち妻籠）歌川国芳版画（上左）
狐の一つ目入道『丹後国変化物語』所載（下左）

狐つきの図『玉山画譜』

三囲社に巣喰う狐　芳年筆「狐に化かされ……の図」

狐に化かされたという言い伝えは古くからあるが、狐の悪賢さが人間を上廻って、なかなか小気味よいユーモアを生む。墨田堤あたりの狐にしても、相当の茶目振りである。もっとも正真正銘の女人狐かも知れぬが。

木曽の旅人（岡本綺堂作小説）
殺された女の霊が犯人の背後に憑いているのが、犬や子供にだけ感じられるという場面。

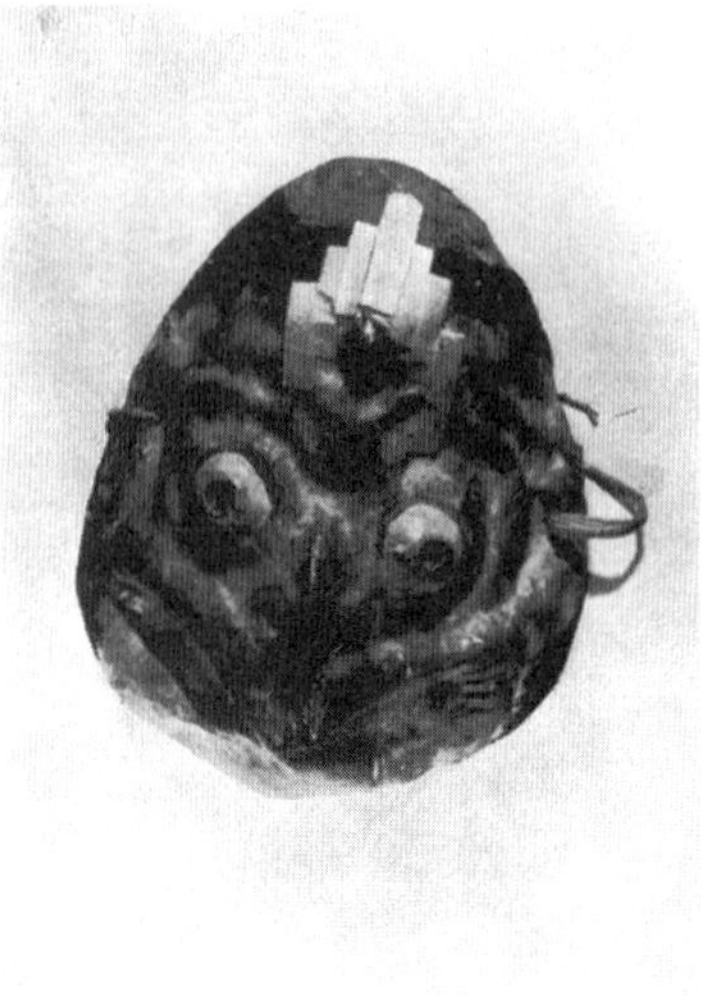

京都名物、嵯峨面《さがめん》の「河童」

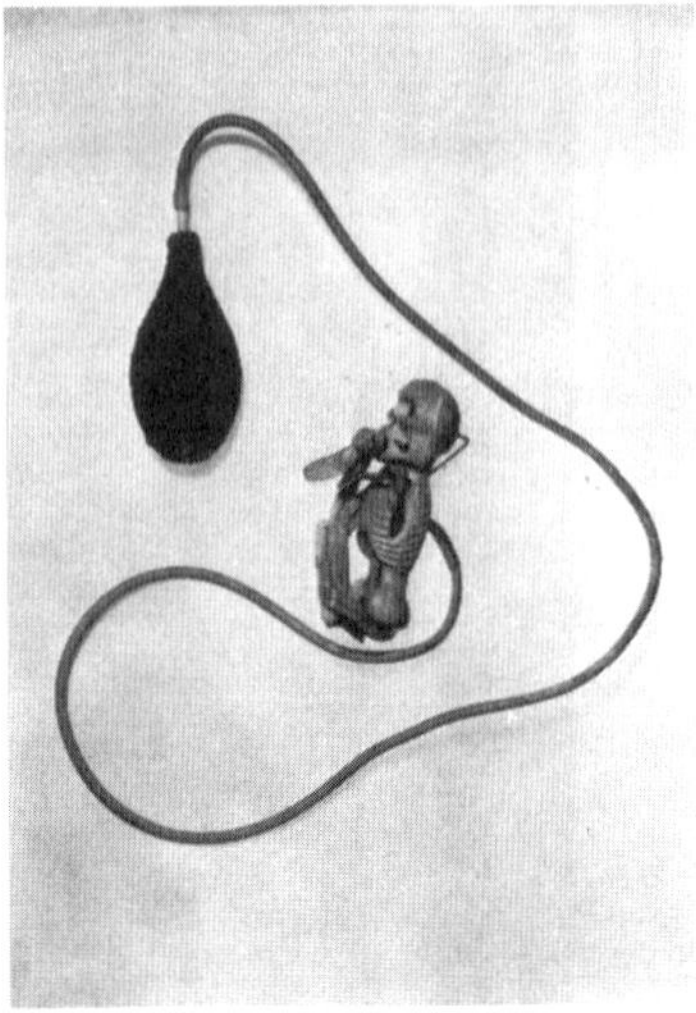

踊る骸骨の玩具

浅草仲見世の人形店
助六の「鬼の念仏」

助六人形店の「河童」

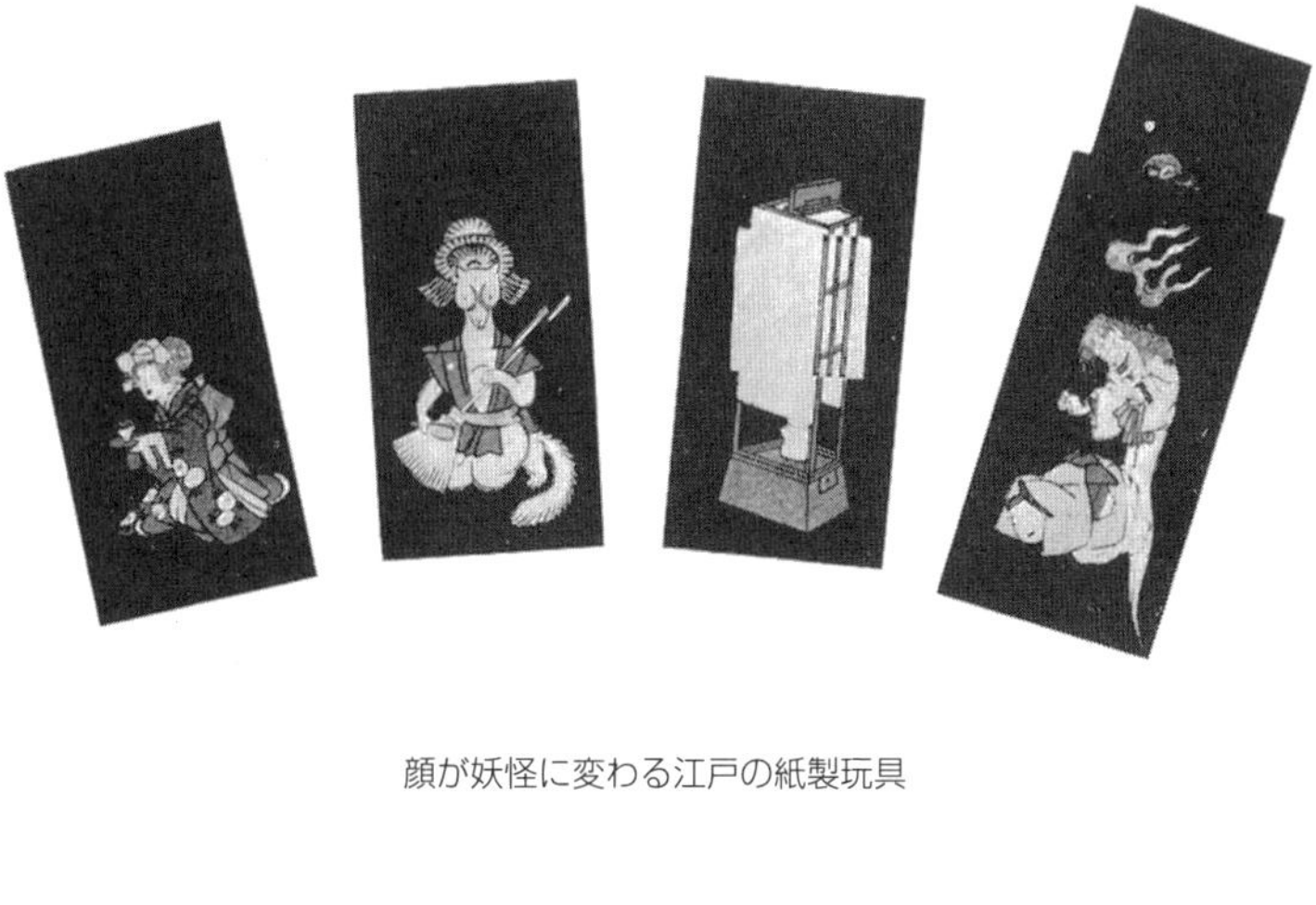

顔が妖怪に変わる江戸の紙製玩具

西洋の幽霊船の一種（上右）
地獄の口　ドイツの古画（下左）
地獄のナポレオン　ウィルツ画（下）

もくじ

第一章　日本的怪物の原型

おばけ

「おばけ」――この懐しく夢多いことばは、幾百年の間なんと人々を楽しませてきたことだろう。

そこに含まれているものは、恐怖ばかりではない。未知へのあこがれがあり、超人的な力への畏敬と信頼があり、超物理的な世界への好奇心、肉体を離れた霊魂の存続（死後の生存）への希望、そうしてとくにわが国では、一見不公平な人生の因果を復讐によって公正に、俗流の仏説どおりに処理してくれる力として、いわば神罰の代行を、おばけの一種である幽霊がつとめると認められてきたのである。

おばけの種類

一種、そう、幽霊は「おばけ」の一種にすぎない。一口に「おばけ」という、その名詞に含まれている観念を常識的に大別すると、

幽霊
妖怪
変化（へんげ）

の三種類になると見てよかろう。

幽霊はいうまでもなく人間の肉体の死後、霊魂が現世に残って働くもの、妖怪変化は習慣的にひとつかみ

に扱われているが、はっきりいえば、妖怪とは魔力を持った正体の知れぬ怪物で、たとえば「ももんがあ」とか、「海坊主」という類、へんげ、とは人間以外の生物、主として動物が魔力によってその姿を変え、人間をだまし脅かすものであって、わが国の巷説では、狐狸をその代表選手とするが、じつはたいていの動物が化けているといってよい。

三者に共通するところは、彼らがいずれも三次元の世界の物理的法則を超えた能力をもって、生きた人間に害を及ぼす、主として邪悪な働きをする場合を指し、恐怖の念を含んで呼ばれる称呼であって、神仏のような大慈の絶対者としての権威を持たぬ点にある。

そうして、一面から見れば、その力は超人であっても、精神においては人間悪なみの感情のとりこであり、俗物であって超越者たり得ない者なればこそ、神仏に対する畏敬とは違った身近な親しみを感じさせ、俗世の風物の中に、時代の生活感と歩調を合わせ、ロマンティックな興味や、ときにはユーモアまで交えて、生き続けてきもしたのである。

ここに平俗にして気軽な日本怪異風俗史の考察を志すゆえんである。

要するに、「おばけ」――「ばけもの」という日本語の語意は、生命を持った、意志的な力による諸種の怪異を包含しているという意味で、世界的にちょうど符合する概念はないかもしれないが、たとえば英語のApparitionという語などに近い。ただ字義の源からいって、あちらのは怪異の現れた現象を、こちらのはその実体を指しているところに、考え方の違いがあるだけである。

死せず、かくれるのみ

「おばけ」—その「お」という敬称、じつは愛称を省いた「ばけもの」という怪物の総称は、字義からいえば当然、化《ば》けたもの、つまり「変化（へんげ）」に当たるわけだ。これが、死者の魂の現れである幽霊も、またはじめから異様な怪物であって通常の生物が姿を変えたわけでないはずの妖怪も、一括した代表的呼称として選ばれている。すなわち、わが民族の古代からの観念では、恐るべきもの、忌むべきもの、とは、すべて何か特異な変化をしたもの、自然の法則の平常の現れと異なった現象、という認識が根底をなしている。そしてそれは、感覚的には、本来正常であるべき者の奇形とか、醜怪な姿（お岩さまや累《かさね》が代表するような）とかいう意義を含んでくる。本書の性質上、民俗学的発生論に深入りすることは避けねばならぬし、筆者のよくするところでもないが、やはりわれらの民族性において怪を怪とする認識の基底をなした精神については、ひとわたり触れておかなければならぬ。それは西洋の名優の演ずる幽霊が日本人にはいっこうにこわくなかったり、「四谷怪談」のお岩の形相《ぎょうそう》がアメリカ駐留軍の軍人にはただ滑稽に見えたりする事象とも関わりのあることだからである。

ともかくも筆者は心の深山の奥を探るようなこの難所を、なるべくあっさりと越えるつもりであるが、現在の生活感と縁遠く感じられる理屈を面倒がられる読者も、いちおうは目を通して頂かないと、あとの話がわからなくなる。

自然＝変化の恐怖

さて、昼夜の時刻の移り、春夏秋冬の季節の順列、年の回り、それに伴う万物の生育と衰亡、それらはいずれも判然たる変化の現象には違いない。が、それは規則正しく、いかにも統一的に運行され、目に見えぬ大きな統制者による意志的な運営と感じられる。すべての信仰、古代宗教の起源がそこにある。日本人はもちろん太陽崇拝民族に属するが、いろいろな自然現象を分類して、別々な諸神が司っていることを重視して、神道を多神教なりとする考え方もある。日本民族の結成が血族的に錯雑しているのだから、いちがいにはいえない。

ともかくわれらの祖先は、こうしたいつも見る自然現象の、順序の定まった繰り返しは、当然のこととし、その間に起こる一時的の激しい現象、噴火、地震、暴風、洪水、などを特殊な変化と認め、天変地異という名の示すごとく、恐れ、その原因を疑いもした。特殊な変化は怖《こわ》いもの—変化（へんげ）への恐怖という、後代の観念のもとが培《つち》われている。

と同時に、記憶力も数の観念もさだかでなかった時代の人は、去年と同じ花、同じ稲が、同じ地上に今年も現れた姿は、新しい生ではなく、同じ生命の続いた復活と見た。古代人にとっても、昨年の太陽と今年の日輪とがまったく別な物とは思われなかったはずで、同様に、一度消えたものが、滅亡したのではなく、隠れただけで、目に見えぬまま続いているのだという観念は、（復活という観念を除くと）後代において、死後の生命の存続を認める潜在意識の因をなしてはいないか。ばけものの第一類たる幽霊族誕生の遠因である。

ぬし

つぎに、定期にくり返される季節の変化を、われらの祖先は自然の支配者の交替と見た。われらの糧たる野のさちを生育させる春の陽気の訪れは、善神がやって来て、それまで土地に居ついて万物を凍結させていた冬の悪霊を追っ払ってくれたのである。春の神は熱と光で万物を恵み、命を与えてくれる太陽であり、東から出て来る。これと争う地の悪霊は西へ追い落とされる。島国だから西の海へほうり出されることになる。これは、じつに日本人の古代信仰として、自己の生命と社会を保持するために、最大のことであった。江戸時代まで、年の始めや節分すなわち冬と春の季節の分れ目に「御厄《おんやく》払いましょう、西の海へさらり」と、厄《やく》すなわちわざわいを払う文句を謳《うた》う厄払いが街を流して歩いたのである。

しかしながら人間は、いかに神霊の存在を理論的（?）に信じても、感覚的にはっきりと実見し、認識しなければ安心できない。そこで、神に仕え、神に通ずる役目の者が、いわば神様の代理人として、その形を見せ、悪霊をやっつける演技をなす。簡単にいえば、お神楽《かぐら》のはじまりであり、演劇の源である。それは日本武尊《やまとたけるのみこと》の熊襲《くまそ》退治のような活劇的場面にもなったが、一面、問答《もんどう》（仏教輸入以後の呼称だが）という、理論闘争の形となって、根強く残った。そのゆえんを説明していては限りがないし、本稿の目的とはほとんど関わりがないので略するが、この神と地霊の対立の形が、わが国の舞台芸術の基本形のひとつとなって、「勧進帳」の弁慶と富樫、それに二人組の漫才のやりとりにまでその面影をとどめている。この演技がなれ合い芝居でなく、真剣な競技になってしまったものが相撲であって、ちゃんと東西で相対するし、東の方に強者を置くように番付が定めてある。横綱は、しめなわ、すなわち神域のしるしで、手数入《でずい》り（横綱の土俵入り）

は神が、土地の霊が荒れ出さぬように地を踏み鎮める、いわゆる地鎮祭の形である。だから本来の意義からいえば、最強者が神様の代理として、四股《しこ》さえ踏めばよいので、不知火《しらぬい》型も雲竜《うんりゅう》型も蜂の頭もないのだ。現在、日本相撲協会では力士を集めて講習など行なうそうだが、どこまで自分らの業について、はっきりした理解を持っているか。なんとかいう昔の大関が、この綱に手を触れただけで勝ったことにしてやるといって綱を締めたのがはじまりだ、などというつまらぬ説話が、大まじめに伝えられているようでは、無知も憐れむべきである。相撲の説明などは、ばけものとは無縁のように思われるかも知れないが、じつは後の章で、ある種の妖怪の観念とかかわりがあるので一言した。

主（ぬし）の伝説

さて、自分たちの観念上の認識を、実体を感覚的に見ることで立証したいという要求は、つくりごとの演技のみでは満足されず、ありのままの世界にも向けられずにはおかない。そこで、陽の神に対する地霊の実体、ないしは象徴として、それぞれの土地に永く住みついている生物の目立つものがそれに擬せられることになる。各地に主（ぬし）と称せられるものの伝説が残ったのはそれである。池に住む大蛇の話はもっとも多く、ヤマタノオロチや、日本伝説の定型の一つとして重んじられる〝三輪伝説〟の三輪の神なども、その意味を含んでいよう。岩見重太郎《いわみじゅうたろう》が講談の中で退治する〝狒々《ひひ》〟のもとになるような大猿、等々、機嫌を損ずれば暴れ出して土地を荒らして民を困らす（暴風雨を起こし、田畑を不作にし、病をはやらすなど）害悪をもたらす支配者として、恐れられる。人身御供《ひとみごくう》とか、橋を架す時に川の神を鎮めるための人柱《ひとばしら》などの風習もこの恐れから出た犠牲の捧げものである。害をもたらす超人力に対する恐れから、その機嫌をとり、祭りの催しをしているうちに、最初の、敵役的な意義を忘れ「何々神」として善神をあがめるのと混同されてしまった。そうして、その〝ぬし〟の身分も〝神〟の地位も意識から離れた後までも、それらの動物たちに、超人的魔力があり、人間に不思議の害をなし得るという、潜在観念が残った。人間を万物の霊長と認めながら、より愚かで下等なはずの動物たちに、人をだます魔力があるという言い伝えの矛盾を、素直に受け入れてきた源はここにある。すなわち「変化（へんげ）」の誕生である。

神ではなく邪霊である本来の性質からして、その魔性の動物の主なものとして、山野に出没して人に害をなす中でも兇悪感の強い狼、蛇、姿や動きが人間にとってとくに気味わるく感ぜられる樹間の〝ぬえ〟や〝むささび〟、水中の獺（かわうそ、川獺）の類、また陰険邪悪の相に見える猫や狐などが擬せられて多くの説話を生んでいるのはもっともであるが、じつは古代の観念では田の蟹、池の蛙までがぬし的な役割を認められるくらいで、たいていの動物は後代になっても怪談的説話を残している。家のぬしとしての鼠や、やもり、街中に住みながら闇にのみ出没する夜行動物のいたちなどはいうまでもない。本章の冒頭に、「たいていの動物が化けている」と記したのはこのことである。

土地をわがもの顔に、権威感を漂わせているものは動物ばかりではない。むしろ植物の方が、移動したり姿をかくしたりする動物よりも、堂々と根を下ろして住みつき、大樹となってその古さを判然と誇示している。この古さということは、人間でも土地の古老が、わけ知りとして先輩として尊敬されるように、生活感の上で権威を背負う条件である。同時に、自然と共に滅びない生命、絶対的な強さの象徴でもある。動物の伝説にしても、日本にはいないような大蛇や大魚、大猿や大鼠などが現れるのは、大きいということが、異常に永い年月を生育した結果であることを意味している。そうした面では、実在の動物よりも老樹の方がはるかに長命であることを、昔の人も知っていた。神社の御神木なるものが、地霊の象徴が「神」の意義に転化したものであることはいうまでもない。〝天狗〟が木霊《もくれい》であるということはほとんど昔からの定説である。ときに山神《さんじん》のよそおい、ときに山伏のいでたちで描かれており、神道伝説と結びついて猿田彦《さるたひこ》という神に擬せられているが、いずれにしても、山霊の象徴であることはまちがいない。山は民俗学上特殊な役割を持っており、山神が春の神であるか地霊であるかは微妙なところであるが、天狗などについては、後の章で、有名な妖怪の種類を列挙する際に簡単に考察することとする。実在の動植物に超生物的権威を認めることが経験上不可能で、物足りなくなると、それを参考にし、モデルにしながらも、さらに想像をめぐらして、架空の怪物を生み出さざるを得ない。すなわち、天狗・河童・海坊主など、数多い妖怪の誕生となる。

要するに、変化《へんげ》・妖怪がわれらの祖先の心に生まれた源は、たんに自身の心から類推して他の動物にも人間的な霊力を認めた結果だというようなことでなく、自然現象の害悪に直面して、その支配者に対する恐れから出たということ、とくに季節の変遷の明確な日本の風土のお蔭で、その観念が顕著であり、〝ばけもの〟に対する恐怖感の根が、そこにあることを認識すればよいのである。その意味において、たとえば演劇化されて評判の高い「夕鶴」の説話のような場合とは、はっきりと区別せねばならぬ。誰が、可憐誠実なる夕鶴のおつうさんを「鶴のばけもの」呼ばわりする気になろうか。

以上、もう一度約言すると、つぎのとおりである。

年のめぐりによって、陽気の回復と共に糧《かて》となる植物の復活する姿を、同一物の生命の存続と見て、それまでの間も消滅したのではなく、かくれていたに過ぎない（天照大神の岩戸がくれのように）と認めて、死後の形なき生命の存続を認めたこと（幽霊承認のもと）。

春の神（天の日輪）に追われる冬の支配者を地の霊とし、土地の動物をその象徴として、それに魔力を認めたこと（変化・妖怪のもと）。

この観念にしたがって、後代に至って完成された雑多なおばけ族を分類してみると、わが民族の血の中に伝わった潜在意識が、愉快なばけものどもをさしたる抵抗も感ぜずに受け入れてきたことも納得がいくのである。

が、時代風俗に伴っての化物《ばけもの》どもの造形的な進展の経過に入る前に、いましばらく、前述の、いわば大前提となる観念を助長し、あるいは歪曲して後代のおばけづくりに影響を及ぼした付加的条件について、いちおう略述しておかなければなるまい。

死者の容姿

神道伝説には黄泉（よみ）の国、という死後の世界、死者の移り住む国の観念がある。伊弉諾尊（イザナギノミコト）が死せる妻、伊弉再尊（イザナミノミコト）を慕ってヨミノクニへおもむき、イザナミの姿の醜く恐ろしく変わっているのに驚いてにげ戻るというくだりは、『古事記』『日本書紀』の記述の中でもとくに注目される部分の一つで、とくに鬘《かずら》、桃の実、櫛などという、身につけているものを投げて、それが追って来る魔物や伊弉再の妨げになるという点は、諸種の解釈がなされるところであるが、それはともかく、この死の国の存在とともに、死者を醜いもの、恐ろしいものとする認識が現れていることに注意せねばならぬ。

死を永遠の神域に入ることとして尊ぶ半面、汚《けが》れとして忌み恐れる矛盾した思想は諸民族にあることであるが、われらの祖先にあっても、永遠絶対の世界を忘れて短い現世に執着することを戒めるために人身の汚穢を説いた仏教思想の輸入以前に、すでにそうした思想のあったことに注目させられる。

病菌・病毒の感染への恐れや、死体の腐爛した姿からの連想がもたらした思想であろう。が、これが後代に幽霊の姿を生前の尋常の状態以外の醜怪なものに造りあげたがったり（歌舞伎の四谷怪談のお岩のように）、また、その幽霊の個人的な執念に対する恐れ以外の恐怖感を感じたりする遠因となっていると考えられるのである。

亡者と鬼

仏教の輸入以後、死後の人間に関する説法は年とともに精緻化（？）し、仏法にしたがって悟りを開くことを怠った人間が、現世への欲望が残った執着のために、極楽へ行きかねて宙宇に迷っていると説いたために、幽霊はいよいよ理論的に出現しやすくなった。

くわえて、通俗仏教の絵説《えと》きの効果は、生前の罪によって地獄に落された亡者が、罪の種類によって分類され、それぞれの苛責にあう姿を民衆に印象づけた。たとえば、つまみ食いをしたり、闇米を高値で売りつけて他人を苦しめた奴は、食べても食べてもひもじくて、食をあさり続ける境涯に置かれる。これを餓鬼《がき》という。痩せ衰えているくせに始終食べ続けているから腹だけが物凄くふくれている。こうした各種の亡者の姿の特徴が、人体を奇形化した妖怪や幽霊をつくりあげていく構想のヒントになったと思われる。

悪魔の定型

さらに、その亡者を責めさいなむ獄卒（ごくそつ）、すなわち閻魔大王の手下どもの恐ろしい姿が、人に害を与える妖怪の基準となり、とくに王朝時代から室町時代までに盛んにそのままの姿で現世に侵入して活躍し、その後も悪魔の定型として行事の上に用いられた。この妖怪の親玉を忘れてはならない。

いうまでもなく「おに（鬼）」である。赤鬼青鬼と牛頭（ごず）馬頭（めず）。牛の顔と馬の顔をした「ごず」「めず」は、後々まで、まず地獄の看守役専門であるが、その姿は、獣類を下等動物とし、悪人は来世に牛馬に生れ代ってくるぞと輪廻転生《りんねてんせい》論を譬喩的に教えてこわがらせた説法から出ており、そうした劣等な使役動物にいじめられる境涯のあさましさを見せたものであろうが（全身牛馬では作業に不便だから、頭部以外は人間の形にしてある）、江戸時代に刑場で死刑囚を扱い死骸の始末をする役を「非人」と称する特殊階級、すなわち一般人とは縁を結べなかった身分の者にさせたのと趣が似ていて興味がある。

『餓鬼草子』

問題は牛の角を生やし、虎の皮の褌をして鉄棒を持った赤鬼・青鬼の方だ。これがいつの間にか地獄での労働をずるけて平安期の都大路に出没し、わけもなく人を襲う。時と場合の都合で着物を着たり鉄棒を置き忘れたりして出てくるので、正体は獄卒とは別ものであり、本当の赤鬼・青鬼にはとんだ濡《ぬ》れ衣《ぎぬ》であったろうと思われるが、正体不明の怪物の所業は皆この種族の働きのように思われ、桃太郎や一寸法師に退治され、節分には春の種蒔《たねまき》の形の豆の目つぶしを食って追い払われる冬の悪霊（前述「死せず、かくれるのみ」の項参照）の代理をつとめているのは気の毒である。が、とにかく、存在理由のわからない妖魔の姿の基準となる定型が、これによってできたのであって、

『地獄絵巻』

その功績は顕著である。

元来〝鬼〟という漢字は死者の霊を指すものであったのが、いつの間にか悪魔のような者に転化してしまったのだが、そこにはやはり死霊に対する恐怖が影響しているかもしれない。また赤鬼・青鬼の姿かたちも、仏教の本家のインドの物ではなく、中国の所産である。日本の仏教は中国を通じて入って来たので、その形を伝えている。陰陽道（おんようどう。つぎの第二章で触れる）に関係のある干支《かんし》の十二支を動物の名に擬した俗信は現今でも忘れられずに親しまれているが、その艮（コン、うしとら。丑と寅の間、北東である）の方角が悪魔の住む方ということになっていた。源はいま説いている暇がないが、これを鬼門（きもん）と呼んで忌み嫌う風習がある。屋根につける鬼瓦なども―これは悪魔をにらみかえす門番の役であろうが―意味があるという。その鬼門のうしとらから思いついて、日本で牛の角と虎の皮を配した姿に完成したのだという説もある。いずれにしてもこの鬼のイメージが、地上に魔物がうようよしていて、なんの因縁もない人間をも襲うと信じられていた時代の妖怪の代表者となった、というより、そういう働きをする正体不明の怪物を、ひとまとめにして「おに」という名で呼ぶようになったのである。

つきもの

もう一つ、肉体を離れた形なきたましいが、その存在を示し、他人に働きかける方法として、忘れてならない重大な一系統が伝わっている。憑霊《ひょうれい》現象である。霊が姿を持たずに、それ故にその心を人間の感覚に伝えることができないので、他の者の肉体に宿って、—俗に「乗り移る」—その体を借りて語り、かつ行動する、という形式である。これは現代に至って「催眠の悦惚状態」における作用の一種として解明され、他人をその状態に置く催眠術という方法も確立されているので、それについては後の章で触れることにするが、要するに「憑かれた（乗り移られた）」方の人の心の潜在意識の現れか、他からの暗示のままに受け入れて行動する精神状態の働きであって、見えざる霊が他から来て宿ったのでもなんでもないのである。

しかし、これは永年根強く伝わり信じられ、あるいは不思議がられてきた現象の一つで、現今でも多く見られ、また近世の怪談に多く取り入れられて凄味を添える場面となっていることは周知のとおりで、日本人にはとくに自己催眠に陥りやすい素質があると認められる。

よく引き合いに出される「魏志倭人伝《ぎしわじんでん》」に説明されている三世紀頃の日本の社会組織によると、邪馬台国《やまたいこく》の女王卑弥呼（ひみこ。姫子の意か。日の御子かどうかは疑問だが、女性であることは確かなようである）は、鬼道《きどう》につかえ衆をまどわして君臨していたことになっている。これが天照大神《あまてらすおおみかみ》御自身であろうがなかろうがその意義は同じことで、女性の族長が優れた精神力をもって神に仕え神と交り、その意志を衆につたえてその命に従わせる、「まつりごと」すなわち神の祭りと政治を兼ね行なって居られたわけだ。「みこ」の名は神に仕える者の名として、今でも春日神社その他に緋の袴の乙女の姿を残しているし、一方では梓巫女《あずさみこ》などといって祈りのうちに自己催眠に入り、いわゆる神がかりという、神の乗り移った形や、口寄せといって死者の霊が宿った形でその心を口走ることをする女たちの名に残っている。天照大神は神自身ではなく、神と人間社会との橋渡しをする巫女《みこ》の役目で尊ばれた人間だったはずである。日本を指して「これ、あがうみの子のきみたるべきくになり」と仰せられたのは、抽象的な太陽神などではなく、はっきり一人間として、民族の先祖として、自己の血統を指定されたのである。女性が催眠状態の特殊心理に入りやすいことは、現在でも実証されているが、男女を通じ日本人には民族的にそうした血が伝わっているらしい。

上代には神がかりの占いや裁判や救いの願い（まじない）が行なわれたが、やがて大陸から移入した蠱（こ）を用いるという方法で人に害を及ぼすことが盛んになり奈良朝の頃にはたびたび罰せられている。霊力で他人に働きかけるのも、増悪や怨恨を含めば目的は害悪となる。いわゆる呪いである。蠱《こ》、巫蠱《ふこ》などといったのは、はっきりとは判らないが、さそりや、いもりのような悪蟲をたくさん集めて器に入れて戦わせ、最後に皆食い殺して蛇が一匹残る、その強者たる蛇の霊力を用いて人を害する、というものらしい。

この、動物の邪悪な霊を用いて人を呪うという方法も永い伝統を残し、また、人間でない動物の霊が人に憑いて心を伝える憑霊現象と関係があるが、ここではっきり区別しておかなければならぬのは、生きた人間が自分の能力や秘法で、まじないをしたり呪いをかけたりするのは、本書の題目の範囲外だということだ。魔法使いも祈祷者もただ特殊技術を持った人間というだけで、ばけものではない。ただその場合、術の過程において利用されるものに、悪魔とか死霊とか動物の霊とか、不思議な独立した個性があれば、その物だけは〝おばけ〟の仲間として取り扱わねばならない。（魔術や妖術の日本における歴史については、雄山閣の〝講座日本風俗史　別巻〟『妖異風俗』（昭和三十四年）の中に「妖術・忍術・魔術」として大略ながら拙文でまとめてある。

興味を持たれる読者の一読を願えればありがたい。）

ともかく、この〝憑霊（つきもの、という）現象〟は、本邦のばけもの史上、見過してはならぬ一要素である。神がかりが俗世化して死者の霊や動物の霊のつきものに転化したからだ。

以上、本章の「死せず、かくれるのみ」「ぬし」に述べた先天性に近い根深い古俗の精神に、「死者の容姿の死の汚れへの恐怖、「亡者と鬼」の仏教思想からのイメージ、「つきもの」の憑きものという一時的狂気、などという要素が加わって、数多いばけものを生み出す素地となったのだが、この章の各項、ことに「死せず、かくれるのみ」「ぬし」の記述など、多少とも民俗学に関心のある人にとってはわかりきった初歩的常識で、筆者も気がひけたが、本書が専門家でない一般読書家の趣味的よみものであることを思い、所論の首尾体裁をまっとうするためにあえて冗言を費した。許して頂きたい。

「ぬし」や冬の地霊のおもかげを現在まで残している風習の一つに、近年観光名物として知られるようになった秋田の「なまはげ」などを代表とする、人里をおそったり、寺社で踊ったりする怪物の姿がある。これは新春に、祖先の霊が家を祝福し、子孫を警《いまし》め、はげますために「まれびと（まろうど、客）」として山（天に通ずる神聖な高所）から降りて訪れるという信仰と結びついて、元の意味が忘れられ、性格のあいまいなものになっているが、土地によっては鹿の皮や獅子の面をまとったりして、山野の「ぬし」としての動物の姿をとどめているものもある。鬼のかたちで家を訪れるものには、問答がつきものである。

もう一つは能のシテ（主役）の役目で、はじめ社寺や墓所に来合わせた旅の僧に土地の昔語りをして、墓に葬られている人物の身の上など語った主役が、後で姿を変えて再び現われ、じつは自分がさっきの物語の中の人物の亡霊で、宙に迷っていたのをあなたの供養《くよう》のお蔭で成仏できます、といって引っこむ、などという筋が、なんでおもしろいのかと現代人には感ぜられるだろうが、「問答」と西の海へ「退散」という神事の構成が、その意義を忘れて、仏教観念の移入などにより内容が変わって形だけ残したものと認められる。

第二章　王朝時代の怨霊たち

魂は宙を飛ぶ

科学的な疑問も考察も持たない未開の人々にとっては、支配者たる大自然の力は無制限であり、いかなることが起っても自然現象の一つであり、不思議ではない。暴風や噴火のような、人間に害を与える一時的自然現象を、支配者の怒りとして恐れただけである。

人が犬に化し、果実が人に化し、鳥獣草木皆ことばを発して、記紀の世は奇蹟の連続だが、もちろん自然力の現す当然の現象として受け入れられ、信じられ、伝えられ、これを怪しむ観念はほとんど現れていない。ただそれらの現象の形態が、つぎに来る王朝文化時代の怪異の原型になっていることは認められる。

中に一つ注意しておかねばならぬ現象がある。日本武尊《やまとたけるのみこと》が旅に亡くなられて、すぐ白い鳥に変じて飛び帰られたという事蹟をはじめとして、人が鳥に変身することである。鳥は神のいます空に上り下りするので、神の化身とされがちなことは、三保の松原の天女の前身である世界的な白鳥伝説が示すとおりだが、同時に、形あるもの、とくに人身が、霊化した姿を鳥とされている場合が多い。空中を自由に飛行するという活動条件が、少なくとも人獣にくらべて物理的規制を離れていると見えるところに、肉体の束縛を脱したものを認めたのであろう。

鳥の形で一人一人の霊に独立と個性を認めるようになったことは、とりもなおさず死霊の存在という観念が、はっきりしてきたことを示していると見られるのである。

たまよばい

個々の霊の主体性に対する注目がしだいに明確になってきたところへ、六世紀の半ばから（正確ではないというが、公《おおやけ》には）仏教の渡来が因果を教え、輪廻転生説《りんねてんせい》を吹きこんだので、死後の存在への不安はにわかに高まった。仁徳天皇の陵墓のように、家来の像に守らせて死者を地中に埋めておけば、永久に生前の権威を保ったまま落ちついて存続していられるだろう、というわけにはいかなくなったのである。

霊異出現

そこで、個々の霊魂の存在とその執念をたしかめ、現世の人に対してどんなわるさをするかも知れないその霊に対する処置を講ずるために、霊を呼び出してそのいいぶんを聞く方法をとる。だまって人にあだをされては迷惑であり、わけを知らなくては慰めてやりようもないからだ。ヒミコの末裔《まつえい》は俗化して、この霊を呼んで、自分の肉体に宿らせ、その口を借りて愚痴をいわせ、意を人に伝えさせる役を負った。すなわち、わざと催す憑霊現象（第一章「つきもの」の項参照）であり、今も残る〝みこ〟〝いちこ〟〝いたこ〟の「口寄せ」である。近代の心霊研究（第四章で触れる）における〝霊媒（medium）〟の業とまったく同じ方法であるが、善意の目的をもって、はっきりと定まった方法で演じたことでは、日本の方が西洋よりもはるかに早いわけだ。これを「たまよばい」という。巫女は梓巫女（あずさみこ）などという名が、後代まで残っている。梓弓《あずさゆみ》を鳴らしたり、または榊（さかき）をふりまわしたりして祈りながらトランス状態に入るのは、神道の形式の伝統をふまえているので、今でも宮中の儀式に、鳴弦《めいげん》といって弓を鳴らす、悪魔払いの形式が残っているのは、よく知られている。故折口信夫先生が、昭和十年代に上代の生活を材にした小説『死者の書』をものされた時は、昔の習俗や生活意識に無知な文芸批評家から敬遠されたかたちで、評判にならず、復古調の音頭をとっていた軍部も、自分に都合のよい思想以外は、本当の先祖の精神や事蹟などなにもわかってはいないのだということも暴露されて滑稽であった。が、この書を恐らく参考にされたかと思われる円地文子氏の『なまみこ物語』は、先人の生活意識に備わっていた先入観などを、それほど前提にせずに書かれている現代人にも充分に面白いロマンであり、昭和四十一年度のベストセラーの一つとなったが、たまよばいに関する場面など、とくに折口先生の作と似た印象を与えられるものである。

もちろん、わざわざ霊を招かなくても、霊の方から進んで怨みや要求を述べに出てくる場合もあったわけで、熱に浮かされた病人など、夢中状態で、前から気になっていて潜在意識の中にあった物が現れてくることなど、多かったであろう。平安朝の説話集としてたいせつな古典『日本霊異記《にほんりょういき》』や『今昔物語《こんじゃくものがたり》』に記されている数多い怪異談の中には、幽霊の姿を現した例も、当時の事実談として載っているけれども、どうも実際のできごととしては、霊自身が姿を現さずに、他人の体を借りて意を伝える場合が主であったように思われる。上代の幽霊談の日本的特色として銘記しておかなければならない。

『源氏物語』の「葵《あおい》の上《うえ》の巻」など、こうした憑霊現象を描いた代表的な場面であるが、そこには死者の霊でない、生きた人間の霊、いわゆる「生霊（いきりょう）」の働きが出てくる。これも見逃してならないたいせつな場合であって、現今でも、死後の存在は信じないが、生きた人間の念力の遠感作用ならば認めるという考え方は多いのである。

江馬務氏はその著書の中で、霊魂の怪異を生霊の場合と死者の霊の場合とにわけ、さらに、その死者の霊が姿を現さずに働きのみを示す場合を〝死霊《しりょう》〟と呼び、生前の姿を現した場合を〝幽霊〟と呼んで区別しておられる。それはそれでよく、便宜であるが、「幽魂」などという呼称もあるから、やはり紛らわしい。

なお、霊魂がその姿を見せず、ただその力によって人に禍をなす―いわゆる〝祟《たた》り〟―場合を、自然現象の怪として分類した書もあるけれども、これを神、ないしはすでに神と混同せられてしまった地の霊の怒りと見る場合（たびたび説くとおり、それは恐ろしくはあっても、見えざる支配者の働きとして当然の現象であり、怪ではなかった）以外、現象そのものが怪しいのではなく、それを起した個々の霊が怪異の正体なのであるから、死霊あるいは生霊の部に編入してしまうのが妥当であろう。

道真の復讐

この種の怪異のうち、もっとも有名なものは、誰も知る菅原道真公が雷になっての復讐である。平安朝を通じて、なんといってもこれが大規模な怨霊《おんりょう》の親玉で、王朝時代に限らず、日本の歴史でほかにこれほど華やかに力強い死霊の活動はなかった。藤原氏の全盛時に一人割りこんで右大臣として自分の献策をかなりに認めさせるところまでいった菅公の性格が、明治教育の伝えたような円満温厚なものではなく、偏執狂的な激しさを持ったものであったことは、現今の史家によって認められ、定説となっているところである。それ故にこそ、門閥外の賢者として我意を押し通し、議論ではかなわぬ藤原一族も菅公の識見を認めざるを得なかったので、異数の栄達もかなったのであろう。その気勢の激しさが残した印象は、彼が策謀にあって失脚し、失意のうちに配流の地で亡くなった後、身に憶《おぼ》えある人々の胸に、怨霊の復讐への予期となって、多大の恐怖を醸《かも》したことは無理もない。憑霊して怨みを述べる現象が頻々と起きたことはもちろんであり、またどういう気象の狂いか、道真死後の数年間、京にはむやみと落雷が多く、内裏もたびたび雷火に襲われ、菅公の政敵一味やその一族が難にあっているので、ことごとく菅公のなすところとして恐れられた。それぞれの呪法《じゅほう》すなわち神力に通ずる祈りやまじないによってなだめたり、鎮めようとしたりする役は、神官、僧侶、さらに陰陽の博士らであったが、なかなか剛情な亡魂はうんといってくれないところに凄味があった。

凡夫さかんにして祟《たた》りなしの類か、肝心の敵の大ボスたる左大臣時平は無事で、取り巻きの陣笠連中ばかりが難を蒙っているのは、なんだか近頃の国会議員や役人の収賄事件の結末のようで苦笑させられるけれども、ともかく道真公の下す雷火の鉄槌のすさまじさは、記録だけによっても目をおおいたくなるほどのものがある。

ごく主なものだけを拾ってみても、まず菅公が延喜三年（九〇三）に配所で没すると、翌年四月には御所の紫宸殿《ししいでん》に落雷。同八年十月には参議藤原菅根《すがね》が雷に打たれて死ぬ。九年四月には親王の左大臣時平が死んだ。急死ではあったが「北野縁起」に鼻や口から蛇が出て悶死したとあるのは、おまけだろう。十三年には源光《みなもとのひかる》も狂死。なおも神官や巫女に菅公の憑霊現象が盛んに現れて怨みを述べる。延喜二十二年に正二位を贈って慰めたが、延長八年（九三〇）の六月には清涼殿に落雷、藤原清貫《きよつら》が即死、平希世《まれよ》が顔を焼かれる。

当時すでに、雷公を鬼形《きぎょう》の魔とす

雷の図

みちざねの雷　政信筆
『絵本天神一代記』

る俗信は中国の伝説をそのままに受けて一般化していたのであるが、この道真も雷を道具として用いたのではなく、自身が雷と化した、つまり菅公が雷公に変身して敵をつぶして歩いたのだというのが当時の認識であった。ならばこうした働きは、前に述べた（本章「魂は宙を飛ぶ」項参照）霊魂が白鳥になったりする現象と同種の現象に入るべきものであろう。記紀時代の変異自在を受けついで、人身が他の者に（主として動物や鬼に）化することは王朝時代にも盛んであるが、そこには仏教の一般化による特殊な意義が生じている。これは、後の項で触れることにする。

じつに四十年以上もたたった末に天暦元年（九四七）に北野天神が造られた。京の御霊《ごりょう》神社には桓武天皇の皇后と皇太子で藤原百川《ももかわ》の策謀でしりぞけられたお気の毒な方々と、その皇太子（早良皇子）の弟君が合祀されてあり、弟君が母君兄君の不運を怒って雷となられたという信仰があった。この御霊信仰と結びついて菅公怨雷説もでき上がり、本家よりさらに大きなものとなったのである。左大臣を贈られさらに太政大臣を贈られ、やっとおさまった後は学問の神様になってしまった。天満宮という名は神社用の呼称だが、元来「天神」とは雷のことである。

将門と崇徳院

菅公についで恐れられた怨霊は、やや地方的だが、天慶《てんぎょう》の乱の張本、平将門《まさかど》であった。もとより一族の間の縄張り争いに過ぎないものを、相手方が要領よく都へ訴え朝廷を味方につけて中傷したので、すっかり朝敵にされてしまった。その怨みを恐れた蔭には同情がある。世間は案外公平である。昔、神田明神の祭りには必ず大きなつくり物の首をのせた車を引き出した。表面上は大江山の酒呑童子の首ということにしていたが、じつは将門のつもりで、世間でも知っていたという。つまり神田明神の本当の御神体は、将門の霊をまつったものらしいのである。ところが、歌舞伎や落語にまで凄味に扱われている将門であるのに、その怨霊は、世の常識になるほどの活動の記録を残していない。道真公とは反対に、さっぱりした性格の男だったのだろう。

もう一人、歴史上の人物で、大物の怨霊は保元の乱を起こした不運の天子、崇徳院である。配流の地、四国讃岐の山上ではるかに都を恨みつつ、魔道に入って天狗となられたという言い伝えは『平家物語』その他ではっきり描写されており、訪れた人は髪もひげも爪も伸び、眼血走り人間離れのした形相におじけを振るっている。現に金比羅様のお札に刷ってある天狗の相が、崇徳院の御姿を伝えたものであるといわれる。こうなると天狗は魔神だということになるが、天狗ほど複雑した要素を持った妖怪は珍しく、その正体と性質については、後の章で、こんにちの常識化した主な妖怪変化を列記する時に触れることにする。とにかく崇徳院が琴平宮のかくれ神であること、少なくとも分社の方の祭神であることはまちがいない。平治の乱も平家の滅亡も、崇徳院の呪いのなせる業だという説が行なわれたくらいであるから、考えようによっては菅公の雷よりも大きい。後に上田秋成も、『雨月物語』の中の名作「白峯」を、その解釈に従って書いている。白峯の山道の中腹の御墓所《おんはかしょ》、杉の木立の闇に燃える陰火《いんか》の中に、すっと立った上皇の霊が、眼下の壇ノ浦の暗い海の辺りを指して、旅の西行法師に向かって「いまに見よ、平家一門をあの辺に沈めてやるぞ」と、からからと笑いなさるところは、身の毛もよだつ場面である。

前にちょっと触れたように、王朝風俗の中で、生前の姿をそのまま現す普通の幽霊の活動は、転生現象や見えぬ怨霊のたたりほど目立たない。有名人の幽霊としては、つぎの挿話などがもっとも早い例であろう。左大臣源融《みなもとのとおる》の死後、その邸宅を手に入れられた宇多天皇が、よくそこに行幸なさって宿泊された。ある日おいでになって、ふと横を見ると融《とおる》の霊が坐して頭を下げている。そして、問いに答えて、尊いお方がおいでになるので、窮屈で居づろうございます、と訴えた。天皇が「わたしはお前の子孫から正当にこの家を譲り受けたから使うのだ。勝手に侵入したわけでない。わがままをいうな。」と諭されると、融の幽霊は納得したのかそのまま消えた。他の者だったらこう簡単に追い払うわけにはいくまい。恐れげもなく諭されたのは、さすが天皇の御威光だ、と皆々感心した、というできごとで『宇治拾遺物語』に載っている。

なお、武家時代の初めになって、大物《だいもつ》の浦の難風に波間から現れて「あら珍しや」と義経に襲いかかる平知盛の霊は有名であるが、人間、落ち目になってくると、気が弱くなって、昔殺した奴の幻など見ることがあるらしい。

百鬼夜行

自然支配の信仰のもとでは、直接間接に大自然の産物として存在するという意味において、万物は平等である。そこへ、平安期の宗派による大乗仏教の思想が、無生物の末まで、宇宙の本体たる「梵（ぼん、ブラフマン）」の遍在を説いた。この観念を迷信的でなく正しく解釈することは、われわれ、信者でもない無学なのんき者にはすこしやっかいであり、現代の物理学が、すべての物質は同種の素粒子の組合わせから組成されており、原子の区別さえも根元的なものでないことを発見することに至って新しく見直される思想であると同時に、西洋の学者が、仏教は哲学ではあっても宗教としては成り立たないというゆえんでもある。また仏教を唯物論だといって威張るお人があるゆえんでもある。まず我ら凡俗の概念として、この梵なるものを耳なれたことばで「天地の生気」とでもいってごまかしておこうか。

『百鬼夜行絵巻』

変化の原理

ともかくも、これによって、生命のない物、自主的活動のできない物にまで、生物と同じ霊の働きを認めやすくなった。動物全般に人間同様の霊を認めることは、同時に植物の生命にもそれを認め、さらにひろめて無生物の一々にまで、生きた宇宙の一部として、各自の霊の働きを認めることになる。それはもう、人間が自ら心に問うてあさましく恐れをなすわがままな欲望や、怨みや憎悪などの悪念を、人間同様に持って暴れ出しかねないのである。ただし、面白いことに、家具什器の類がそうした変化《へんげ》となる（あるいは、動物が姿を変えるのと違って、新しく魂が入って奇妙な怪物に生まれ直すのだから、妖怪といった方がよいかも知れない。

このへん、妖怪と変化の区別はきわめて微妙である）には、条件がついた。古くなった物、ということである。器具が百年（五十年という説もあった）たつと魂が入って化けるという通念ができた。人間の老人が尊敬されるように、古いということ、永く存在した強さ、ということが一つの権威感を生むことは第一章の「ぬし」の項で注意したとおりである。何年たてばどういう物は化ける資格を得る、という規則をきめることは、中国の伝説を受けついだ考え方であった。とにかくこの仏教思想の俗化によって、日本古代の土地の悪霊の象徴から伝わってきた動物のばけもののほかに、新種の妖怪変化が溌溂として生まれ出てきたのである。

さらにくわえて、仏法にさからい世を毒する邪念、いわゆる〝外道《げどう》〟の形象化ともいうべき妖怪、すなわち〝鬼《おに》〟の出没が常識となり、不時の災難は

樹木がディズニー的
（江戸時代）

「邪宗の休日」と題した西洋中世画

もとより、狂気、病気の類まで、人の呪いか、その他の悪霊の作用か、純粋の妖魔の仕業か、わからぬままに「もののけ（物の怪）」がついた」としてこれを避けあるいは追い払う祈りが行なわれる。

室町以後、土佐派の大和絵の筆になる『百鬼夜行絵巻《ひゃっきやこう》』には、これら王朝時代に生まれ育った変化《へんげ》・妖怪の成熟した姿が、潑溂たるパレードとなって躍動している（図参照）。その人間に近いものは、たとえば頭部のみがいたずらに大きい女体など、多くバランスを失った奇形として描かれ、一様に卑しい笑いを浮かべて欲望のあさましさを象徴するごとくである。鬼はその筋骨に無情なたくましさをたたえ、とくに巧みなのは器具調度の化けた意匠であって、琵琶《びわ》を立てて前面から見た形を顔に擬し古琴の切れた糸を乱髪に見立てて凄い形相の怪物の這《は》い歩く形に造ったあたり、かのディズニーの動画作品で、自動車の前面をヘッドライトを両眼にしたいかつい顔に仕立てているのを想起させるものがある。東映自慢の動画など、技術がいかに進歩してもディズニー流の模倣を脱していない。なぜこうした大和絵などの毛筆の線と筆勢を基調にした日本的な感覚の作品がくふうされないのだろうか。

そのパレード自身に見られる異常な陽気さは、西洋中世の黒魔術（Black magic。キリスト教系統の正しい呪術 White magic〔白魔術〕に対する邪教の魔術。わが国の仏力と外道・外法《げほう》との関係に似ている）の妖徒と悪魔の饗宴図にも通ずる趣で、悪魔の陽気さは人倫の絆《きずな》を脱している自由さを示すとともに、その半面に人の世に与える惨害のはなはだしさを感じさせることになるのである。

ここで完成された妖怪変化の姿が、写され伝えられ、くふうを加えて、桃山時代から徳川初期への〝お伽草紙〟という絵入り本へ意匠を継承され、徳川時代に定型化されるばけものたちの種類の参考になった。百鬼夜行に類する作品においては、江戸末期の画家もだいたい土佐派の意匠をほとんどそのまま伝えている。葛飾北斎・河鍋暁斎の二人が代表格であろう。

異名としての鬼

百鬼夜行の名が示すように、まじめな幽霊以外の怪物は、皆、仏法に反対し人の世を魔道に落そうとする悪魔という意味で「鬼」という名で呼ばれるようになった。純粋な悪魔としての鬼は、仏を守る四天王に踏みつけられている天の邪鬼（あまのざこ）などがその原型に近いものである。日本の地獄絵で改良（?）した獄卒の姿を応用したのは後のことで、仏像のあまのざこを見てもわかるとおり、必ずしも二本角を生やしていないし、褌が虎の皮ときまっているわけでもなかった。絵巻にはやまあらしか、こんぺい糖のような頭をした鬼が描かれている。ただ犯人の判らない恐ろしい事件や、なにかの祟りかと思われる災難が起きると、「鬼」という名で恐れられたのである。仏教系「鬼」の草分けともいうべきあまのざこは、やがて「あまのじゃく」と呼ばれ、なにごとにも反対したがるいたずらっ児妖怪となって民俗に残った。仏法に背いた反骨の末路である。狂言にもある「がごじ」という名は、

絵巻の鬼

大和元興寺に鬼が住んでいるというところから出た鬼の異名であるという。

ところで、こうした鬼の横行は、現今から見ればいかにも迷信的でばかばかしく、政争の上ではそうとうな策謀などをめぐらし、かなりの知的生活力を持っていた大宮人《おおみやびと》の知能に相応しくないと思われるかも知れないが、それは違う。そこには一つ重大な物理的条件があった。夜の闇である。

人口も少なく、交通不便、自分の土地を一歩出れば地理不案内、その上社会的な警備組織も乏しい時代には、路上に見知らぬ人と出会っても用心せねばならぬ。つねに警戒心を抱いている不安感は日頃心の底から溜り積っている。加えて夜の闇は深いのである。銀座のネオンの海を歩いていて月夜か否かに気づく場合はまれだけれども、ひとたび農村へ帰省したりすると、月のない夜は一寸先も見えぬもの、懐中電灯なしでは歩けぬものといまさらに感心する。科学を持たぬ時代、習俗的に悪霊の存在を信じなれた身に、僧侶や祈祷師が商売の都合でしきりに妖魔や怨霊の恐怖を吹きこむ。灯火の力は乏しく、いったん日が暮れれば、あとはただ想像の世界であり、人々の心の眼は闇の中に群がる悪鬼羅刹《らせつ》や、邪念に迷う死霊の姿のみを見たのである。戸外の闇にコトリと音がしても、その原因をたしかめることはできない。奇異な事件はもとより、闇の中で人と袖を触れ合っても、そこに人がいるはずがなかった、という事情がわかれば、「鬼だったか」となる。

怪盗伝説

平安朝の都大路といっても、夜ともなればいかに暗く淋しかったか。外出者はおいはぎのカモとなる。志を得ぬあぶれ者どもは強盗団を組織し、闇に紛れて貴族の邸を堂々と襲来し、人を殺傷し、金品を奪って去る。『前太平記』のヒーロー源頼光《みなもとのよりみつ》と部下の四天王が退治した大江山の酒呑童子（しゅてんどうじ）一味は、一部の説にいうような異民族であったか否かは知らず、とにかく強大な山賊軍で、すでに実力行使の不得意な貴族政府では手のつけられなくなっていたものには違いない。渡辺綱が退治した羅生門の鬼にしても、その怪物的脚色の誇張を省いてみれば、そこを根城にしていたおいはぎの類と考えられる。前述のガゴジの名のもとになった元興寺の鐘楼にいたという鬼などもこの類かも知れない。事実、盗賊の類がそういう有名な寺内や山門などに平気で巣をくっていて、警備の手がまわらないでいたらしい様子は、当時の巷説を集めた説話集などからも容易に察せられる。平安末から鎌倉初期へかけての説話集である『古今著聞集《ここんちょもんじゅう》』の「偸盗《ちゅうとう》」の部には、しきりにそうした事件が載っていて、事実に近いにおいがする。その中に、貴族の邸をおそって略奪した夜盗団の首領の正体が、検非違使（けびいし）の別当（べとう）、つまり警視総監の邸内の宿舎に住む若い女官の一人だった、という珍事件が記されている。男装し男面《おとこめん》をかぶっていて、部下の者どもさえその正体に気づかないのである。これをつきとめるのは襲われた貴族の家の若侍で、暗さにまぎれて、引き揚げる盗賊団の中にまじってついて行くのだが、これがまた泥棒どもに気づかれない。その上、御所の南門の前で収獲の品々をひろげて首領が一同に悠々と分配する場面まである。都大路の夜がいかに暗く淋しかったかという証左である。芥川龍之介の『羅生門』『偸盗』などの作品の構想は、この種の説話から出ていると想像される。いくつもの類似の話が載っているが、酒呑童子の一党ほど大規模でなくとも、こうして闇にまぎれて悪業を働き姿をくらます奴らは、場合によって鬼扱いされ、捜査打ち切り、ということになったであろう。要するに貴族の無責任政治と、夜の闇とのたまものである。

鬼＝悪党の論理

九世紀前半に完成したと見られる『日本霊異記《にほんりょういき》』は膨大な説話集でたいせつな古典の一つであるが、こんにちから物語の筋だけを見れば要するに怪談集にひとしい。鬼が人に化けて人を襲い、鳥獣が人に化け、人身が鬼や鳥獣に化し——しかしながらこれは、明らかに一人（？）の統率者のもとに、多勢の僧侶が手分けして数多くの怪異説話を収集し記述したもので、仏説の趣旨による教化のための説話集であった。大陸からの古話の読み伝え聞き伝えをそのまま記したものもあり、当時の世間の実話として記されたものも、創作的虚構や、輸入説話の型にあてはめた脚色や誇張が多いと見なければならないから、いちいち当時の実際に伝えられた怪事の記録として挙げつらうことは無意味に近い。十一世紀頃の所産であり、現今では子供も昔ばなしの本として名を知っている『今昔物語《こんじゃくものがたり》』となると、全体が霊異記ほど説教のテキストたる目的意識でまとめられたものではないにしても、その奇談怪談の一つ一つは、もう伝統的な意識から、多分に仏説的な因果応報の趣旨を含んでいる。そうして、これは後世まで仏教国日本における説話構成法の基準の一つとなるのだが、ただ、鬼が人に化けて、何の因果関係もないはずの者に害を加える話については（あとから無理に理由をこじつけて考えたらしいものも含めて）そのままでは納得がいきかねるものがある。世の中にはだれにでも噛みつく鬼がうようよしているから気をつけなさいよ、というだけのことでは、あんまりである。まるでその「鬼」ということばを「悪者」と置き換えればいつの世でも成り立つ——そう、それなのだ！

光孝天皇の御代のこと、武徳殿の近くの松原を歩いていた女を、一人の男が引っぱっていって木蔭で女の手を捕えて話をしていたが、いつまでも女が戻って来ないから、友だちが近寄って見ると、男はいないで、女の手足だけが散らばっていた。鬼に食われたのだ、という今昔物語の記述。なぜ鬼なのか。誇張を除いて考えるなら、当然、変態痴漢の殺人事件として、捜査一課の活動に入るところである。

武将大森彦七が伊予金蓮寺で美人に出会い、背負って歩むうち女が鬼の正体を現したという挿話は、『太平記』にあり、有名な話となって江戸時代の怪談集『御伽婢子《おとぎぼうこ》』にも採られて忘れられずに残ったのだが、現今では明治できの舞踊、新歌舞伎十八番の内「大森彦七」という舞台で知られている。そしてはからずもその舞台が、鬼女の正体を楠正成の息女が復讐を志し仮面をかぶった姿という新解釈（?）で合理化している！奈良朝以後、諸種の伎楽の面は進歩を遂げていたから、覆面代りに鬼面をかぶって闇に出没し、妖怪に濡れ衣をきせた人鬼は多かったであろう。前述の古今著聞集の女賊にしても、時に応じて男面を鬼の面につけ代えたとしたらどうであろう。偽鬼《にせおに》—『前太平記』の巷説に活躍する怪賊の名はまさにそれを象徴している—鬼童丸《きどうまる》。

前述の今昔物語の松原殺人事件にしても、八月十七日の月夜とはなっているが、とにかく夜である。その他、鬼に出合って追い払ったとか、怪物と問答したとかいう簡単なできごとは数多く書きのこされている。じつは鬼だか人だか、見えてはいないのである。すべては夜の暗さの徳である。

大森彦七　国芳画

幽霊も妖怪も、その生みの親は人自らの心であろうが、産婆役は夜の暗さであったことを忘れてはならぬ。しかもそれは、陽の神の支配と守護を離れた時間、悪魔や怨霊が自由に働ける時間、という意味で、仏教輸入以前からの信仰（の変形）とも結びついたのだった。

だいたい、鬼が人を食い殺すのに、わざわざ人間に扮して近づくなどはよけいな手間である。鬼の姿のままでいきなり現れて人を襲っても、凡人がその超人的魔力を避けることはできないはずではないか――「鬼切丸」の名刀など持っている豪傑の場合は別かも知れぬが。

羅生門の「鬼」のような、寺の山門などに巣食っていた夜盗の類の系統として、中世以後にはっきりその正体を見せて名高いのは、例の桃山時代の怪盗石川五右衛門である。俗説では東寺の地内で「大仏餅」屋の主として納まり、歌舞伎の舞台では南禅寺の山門の上で威張っている。『絵本太閤記』では五重塔を軒から屋根へひらりひらりと飛びわたるサーカスぶりを記述している。

金毛九尾

素性の知れない「鬼」どもが純粋な悪魔として人を傷つけて歩く話以外に、人が鬼に化し、また鳥獣に化し、また反対に鳥獣その他の生物が人間に化ける話も、『日本霊異記』をはじめ『今昔物語』および亜流の王朝説話集に数限りもなく記されているが、この場合、人が鳥獣や虫けらに変わるのは、あさましい邪念の結晶のような鬼の姿になるのと同様、罪業の報いで、人間よりも低い、畜生になり下がるのである。前項で述べた霊異記の作意により、因果応報の転生説によって、万物の霊長たる人間から、牛馬の類に生れ代るぞという、おどかしの教えなのだから、古代の習俗における地の霊の代表としての鳥獣（ぬし）や、人の霊の形象化としての白鳥などとは意味が違う（第一章「死せず、かくれるのみ」の項参照）。敵役めいてはいても古代の〝地の霊〟は、人間の世界を支配する権威を持つ絶対者で、機嫌が悪ければ荒れ出すぞ、といって恐れられ、ついには神と同じあつかいになってまつられあがめられて、土地の守護神として鎮守の社に本当の神様と混同されておさまっている。その地霊の視覚化された姿としての動植物は、権威の象徴だが、仏教思想による動物は、人と同じく霊は持ちながら、悪業によって知恵の乏しい苦界へと堕《おと》された形なので、われら日本人はこの二種類の民俗的立場を動植物に対して持っているから、話が面倒になる。

生きながら魔道に堕ちて鬼となったり、畜生道に堕ちて鳥獣などに化す場合もあり、死んだ後にその霊が鬼や獣類に変わる場合もあって、これを重大な違いとして区別し考察している学者もあるが、私は、純粋な生霊と死霊の別を論ずる（これは現代の心霊学と関係のあることで、後の章でその点に触れる）のと違い、どちらにしても仏説の因果と転生の説法のためのつくりごとであるから、ごく常識的に見て、問題にしないことにする。同じ趣旨から出たと思われる事例を並べ立てたところで意味がないから、二、三を挙げるにとどめて、ただ、そうした説話の数多くが、当時の実際の事件として、人名までもはっきりと伝えていること、恐らくはその噂が信じられていたであろうことから、通俗仏教の与えた観念が、中世以前にいかに一般に浸透し切っていたかを認めればよい。

魔性への転生

讃岐国で県主《あがたぬし》宮手という者の妻が不信心な女だったために、棺の中で腰から上は牛で、角の生えた姿になって生き返った、という日本霊異記の話。宝亀七年（七七六）のことだとはっきり書いてある。

こうした事例の中でもっとも有名なのは、密教の戒壇抗争という勢力争いで志を遂げられなかった高僧頼豪阿闍梨《らいごうあじゃり》が多くの鼠と化したということ（記述は例の『平家物語』にあるが、承暦元年（一〇七七）のことという）や、藤原実方が東国から雀となって飛び帰った伝説などであろう。雀は執念を現すにふさわしい猛鳥である

江戸の読本に現れた怨霊のねずみ
北斎画

頼豪のねずみ
芳年画

というのが藤沢衛彦氏の説であったが、それはどうであろうか。どうもこういう小動物に化する場合は、一匹では巾《はば》が利かないとみえて、多数になって現れることが多いようであるが、それとも自分は一匹で親分になり、たくさんの部下を使うのであろうか。その辺は、はっきりしない。

破戒坊主が蛸に化けた例などは、後世にも蛸をたこ坊主と呼ぶくらいだから、形態から見てもっとも至極と感心させられるが、とにかくこうした転生現象が、怨霊や鬼の働きとともに、仏教的意義を持って盛んに認められたのは、だいたい奈良朝以後のことであり、鎌倉期以後の封建時代に入っても、室町時代まで、観念的にはそう大した変化もなく続くのである。神仏論争で敗れた物部守屋が曾我氏に亡ぼされ、数知れぬ啄木鳥《きつつき》の群となって寺院をつつき壊そうとしたので、聖徳太子が鷹になってこれを倒し仏法を護られた、という話などはまことに思いつきのお伽話であり、仏教的変化《へんげ》譚としては時代が遡る唯一のものだが、記述はずっと後の『源平盛衰記』にある。

道成寺伝説の情念

この種の説話の中で、歴史的な人物や事件ではないが、後世までもっとも名高く親しまれているのは、道《どう》

清姫が安珍を追う図『道成寺縁起』

成寺《じょうじ》伝説、すなわち安珍清姫の物語であろう。奥州から熊野参りに来た美男の僧、安珍が紀州牟婁《むろ》の郡司である真砂庄司清次《まさごのしょうじきよつぐ》の家に泊り、庄司の娘清姫に恋着され、参詣後に還俗し夫婦になるからと逃口上をいって出立し、帰路に立ち寄らず素通りしてにげ出したので娘は追って来て日高川を蛇体に化して渡る。安珍は日高郡の道成寺にかくまわれ、釣鐘を伏せてその中に隠れるが、清姫の大蛇は鐘を七巻き巻いて燃え上がり、中の安珍をも焼き殺した、という話。今のわれわれの身で考えれば、安珍さんすなおに夫婦になってやればよかったのにというだけの話だし、道成寺は当時から天台宗では偉いお寺だったのに、せっかく救いを求めて来た坊さん一人焼き殺されるまで手出しができないようでは御利益《ごりやく》が薄い気もするけれど、とにかく、女は特別に罪障が深いという不公平な仏説にしたがって、執念の恐ろしさを教える物語として伝えられているのである。これはおよそ十世紀の初め頃（道成寺縁起によれば延長六年（九二八））のことになっているが、じつをいうと、琉球などにもそっくりの話があるところを見ると、残念ながら話のもとは輸入品であるらしい。が、いずれにせよ、後代に至るまで、四谷怪談のお岩さんが代表するように、怨霊ばなしのスターは女性であるということの源を開いている。蛇は邪念を持った魔性の動物として、女を狙って交る事件が種々書き残されているばかりでなく、日本霊異記には、男の僧の寝姿にまつわりついた雌の蛇のことまである。蛇体の鱗をかたどった三角形を重ねた模様が、女の邪念や嫉妬を表す衣裳として用いられる定めも今日まで続いている。

歌舞伎の人気舞踊「京鹿子娘道成寺《きょうがのこむすめどうじょうじ》」で美しい踊りを見せる白拍子《しらびょうし》花子は、

「道成寺」能衣装の絵

かねまき
『道成寺縁起』

六世歌右衛門（福助時代）の道成寺

最後には蛇体になるけれども、あれは清姫でもなんでもない、全然別な女の亡霊であって、道成寺の「鐘供《く》養《よう》」の催しの場へ、女の執念を見せに現れただけなのだが、前の場の筋など現在演じないから、観客は関係なしに見ている。芝居の幽霊がまだ怖がらすためではなく、美しい女形《おんながた》の踊りを見せるための役に用いられていた時代の所産である。写実と違った舞踊演技の夢幻味を合理化するのに超現実的な幽霊という代物《しろもの》を利用しただけだ。六世歌右衛門はこの踊りで芸術祭の賞を受けたことがあるが、花道から舞台へかかって鐘を仰いで見返った最初の見得が、まことに明るいあでやかさのうちにいわくありげな妖味をほのかに漂わせて観客をつかんでしまうあたり、まず結構なものだ。こうした役は化政期以後の怪談劇とは趣意が違う。ただ華やかに女らしさと美しい振りが第一義である。

口絵掲載の図版〝悪念の大蛇〟は江戸の戯作者《げさくしゃ》式亭三馬《しきていさんば》の『戯場訓蒙図彙《しばいきんもうずい》』という、江戸時代の常識教科書『訓蒙図彙』の形式に擬して芝居風俗を絵本で示し戯言で説明した滑稽本に描かれた道成寺の図だが、無知の代表者のひとり言のような詞書《ことばがき》が面白い。いわく

「昔さる所に何の某という者ありける。その何とかやらが娘に何とやらいう娘ありしが又その家を宿にしてどうとかする人が何とかいうことで娘が鬼になってそのつりがねを巻いたげな。俺は記憶がいいか

らみんな忘れてしまったわな。寺の名はどこの国でアア何とかいったがどうも知れねえ。もうちっと待たっし。エエ何よヲそれよアレソレはねるやうなものヲそれぞれどじょう寺だどじょう寺だなんぼうばからしき物語にて候。」

人間またはその死霊が鳥獣などに変わるのは仏法に背《そむ》いて生命が下落した意味だが、動植物が人間に化ける場合は、形の上では単に逆作用のようでも、その意義はまったく違ってくる。つまり牛や馬が善行のむくいで人間に生まれ変わった、などということではないのである。もっとも、それに近い意を含んだ場合もあるけれども、要するに大別して、善悪二つの場合があり、その善に属するものに、とくに仏意を表した説話の形を基として、そこから変化したと思われる話とよく似てはいるが、ただ動植物が人間的感情を持って人と交る手段として人の姿に化けた場合と、二種あるように思われる。これと悪の場合と、三種に分けて考えてみよう。

野狐禅の変形

まず第一種として、一切衆生悉有仏性《いっさいしょじょうしつうぶつしょう》の大乗の精神を現して、獣類もまた人間と同じ知恵（理性）を持って悟りを求める心があり、そのために人間と交渉を持つという、いわゆる野狐禅（やこぜん）という諺の出所になった話—そのままではなく、その説話の型を残して意義のはっきりしなくなったものではないか、と思われるものがある。野狐禅ということばは、なまかじりの禅の修行を本ものの悟りに達したつもりでうぬぼれている、という意味になっているけれども、出所をなした中国の説話そのものはもっときびしいもので、うぬぼれの域を脱して高僧の教化に道を求めた狐の化身は、そのために正体を現し、命を捨てて悔いないのである。『古今著聞集』の中に、宵の朱雀大路で見知らぬ美女と道連れになった男が情交を迫ると、女は、それではあなたが死ぬことになる、という（白狐と交ると精気を吸いとられて死ぬという言い伝えもあった）。男が信ぜずなおも迫ると、それならば代りに私が死にますから、あわれと思って法華経を写して供養して下さい、と頼んだ上、男を満足させてから、明日の朝、武徳殿に行ってごらんなさい、といい、男から扇を貰って去る。翌朝、男が武徳殿へ行ってみると、一匹の狐が扇で顔をおおって死んでいた。約束どおり七日ごとに法華経一部を写して供養していると、四十九日目の夜、例の女が天女たちに囲まれて夢枕に立ち、「あなたの供養のお蔭で、忉利天《とうりてん》に生まれかわりました」と礼を述べて消えた、という話がある。いわゆる人獣交婚譚は数多いのだが、この説話の場合など、ちょっと触れた蛇が、昼寝の僧に巻きついていたなどという場合と違って、自分で好みもせずに、初めて会った男の望みを叶えてやって命を捨てるほどの義理もなにもない。供養によって畜生道を脱し仏になるために、男を利用したように見える。一定の日時を指定し、証拠の扇を顔にあてて死んでいる、という形も、野狐禅の原話の系統を引いた説話の特色なのである（扇とは限らないけれども）。畜類がその境涯を脱し、仏果を得て救われるには、万物の霊長としてもっとも多く仏性を備えている人間の力を借りなければならない。聖者高僧の教導を受けるために人界に姿を現すのが本来の手続きであろうが、だんだんと転化して、ほかの要素が混って、本来の意義が不徹底になったり、わけの判らない話になったりする。大した義理もなしに命をなげうったり、善意を見せたりする畜類の話は他にもいくつかあって、もとのおもかげをのぞかせている。この類はつまり、人間が悪業によって畜類に堕落するのと反対に、畜生がその仏性によって、人間と同じ資格をもって天界へ昇格する話、すなわち人が鳥獣に化する話の純粋な逆作用と見てよい。同じ仏説の働きなのである。前述の古今著聞集の話などは、それと人獣交婚譚との結合した例であって、有名な〝信田妻《しのだづま》（葛《くず》の葉狐《はぎつね》）〟のような単なる獣婚譚とは区別して考えねばならぬ。

善意畜交譚

そこで、善意で化ける第二類ともいうべきものは、畜類が普通の人間的感情で、自分の好意を持つ人物と交るために、魔力を利用して人間に化ける場合であり、格別、仏説的な主題を感じさせない。伝説的にはこの方が自然発生的で純粋なものではないかと思われる。その主軸をなすものは人畜交婚譚である。信田妻と呼ばれる葛の葉狐の物語は、史上の高名の人物と結びついている代表作品（？）だ。誰もおよそは知っていることだが、いちおうの概略を述べる。

十世紀の半ば、村上天皇の御世のことという。和泉《いずみ》の信田《しのだ》の森で狐狩りで殺されそうになった白狐を、安《あ》倍保名《べのやすな》という者が救う。狐はその恩返しにと、不遇の侘び住居をなしている保名のところへ、保名の許婚者《いいなずけ》葛の葉に化けて訪ねて行き、夫婦の語らいをなし、男子を生む。六年後、事情があって会えずにいた本ものの葛の葉が訪ねて来るので、これを知った狐の葛の葉は、わが児に別れを惜しみ、「恋しくばたずね来て見よ和泉《いずみ》なる信田の森の裏見葛の葉」という歌一首を残して飛び去る。狐の生んだ童子は神通力を備えた秀才で、長じて陰陽《おんよう》の大博士安倍晴明《はるあき》（セイメイとも）となって、陰謀家芦屋道満《あしやどうまん》の叛逆を見破り大功をたて、後世に名を残す。

いろいろな書にいろいろに書かれたものが、だいたいまとまって江戸時代の半ば以後に通念となったものを略記すると、右のとおりで、細かい点になるともちろん諸説紛々、というより諸脚色別々というありさまだ。要するに平安朝の大学者安倍晴明の出生の秘密と結びついている。むろん嘘の皮であるが、竹田出雲作の人形浄瑠璃『芦屋道満大内鑑《あしやどうまんおおうちかがみ》』がもっとも有名で、いわゆる実録本や小説類よりも、はっきりしたイメージを民衆に与えている。子別れの場面は今も歌舞伎の売り物の一つである。舞踊の「保名狂乱の場」は葛の葉と知り合う前の保名が、最初の恋人榊《さかき》の前を失って恋い慕うあまり一時的に気が狂っている姿である。〝夕鶴〟にしても、この葛の葉にしても、この種の善意交婚譚には、動物が人間に親しむ原因として、「動物の恩返し伝説」の要素と合併しているものが多い。植物の方は少ないけれども、やはりその精が人の姿となって交る話は成立する。代表はむろん、これも浄瑠璃の『三十三間堂棟木由来《さんじゅうさんげんどうむなぎのゆらい》』でおなじみの柳の精の物語である。木を切られるところを助けられたのを喜んで、平太郎という男のところへ人間になってお柳と名乗って近づき、妻となって仕え、一子を設けるが、朝廷の命令で三十三間堂の建築材料にされることを知って別れて行く。木に斧を入れる音の一打ごとに苦しみながら消えていくまでの舞台は、葛の葉狐の場合とはまた違った痛々しさがあって効果的だ。ただしこの話、仏教の堂宇の材料となるのであきらめるあたり、先に述べた第一類の畜類成仏譚の趣を多少残しているような気もする。

妖獣の邪念

さて、こうした場合とは反対に、邪念をもって人をだまし害を与えるのを目的にして化ける第三種がある。それにはまず、たいした悪意を持っているわけでもないが、ただ自分の淫情を満足させるためとか、ほんのいたずら気で人間をからかうとかいう、軽い気持の場合もあるわけだ。これが、饅頭だと思って馬糞を食べさせられたり、肥溜《こえだめ》の風呂に入ったりする〝狐に化かされる〟話となって室町時代のお伽草紙などの材料となり、後世に残る観念が形造られた。狐の例ばかり挙げるようだが、事実、人に近づき、だましたり、男女関係を結んだりするのは、狐がいちばん多いのである。同じいたずらをくり返して、ついには縛って連れて来られ、正体を現して痛い目に会ったりした話は、王朝から中世へかけての説話集には数多く載っている。妖獣の親玉としての狐の位置や輪郭については、江戸時代に固定して現今まで常識となった主な変化の種類を後の章で列記する時に説くとして、今昔物語の中の一話を挙げよう。同書の巻二十七には、狐の化けた話がとくに多い。ある雑色《ぞうしき》（貴族に仕える下働きの男）の妻が夕方外出して、帰りが遅いので心配していると、やがて帰って来たが、しばらくすると、まったく同じ妻が、もう一人戻って来た。どちらが本物か判らぬ。刀でおどしても、妻同士で話し合っても、同じ声で同じことばを言い合うばかり。そのうちどうも先に帰った方が怪しい気がして捕えようとすると、凄いガスを一発かませて、男がひるむ隙ににげ去った、という話。これは信田妻説話の含んでいる「二人妻（本当の葛の葉と狐と）」という話の型の原型を見せていて興味もあるが、狐の性根のとぼけたいたずら気が、さしてあくどい邪念に至っていない、いわば過渡的な悪意を示している一例である。どうせ本物の妻が後から戻って来ることは知れているし、冒険をおかすほどのこともない。どういう気だったろう。さりとて好意でしたこととも思われない。ちょっとまごつかせてやろう、ぐらいのことだったたか。

「九尾の狐」のロマン

しかし、人間が妖獣の最たるものと認めた（その理由については、前に断ったとおり後の章で触れる）狐に、その野獣的な本能の発揮を托した場合、なかなかユーモアどころのさわぎでない。狐はその容姿の印象から、女性に化けることが多いのだが、その淫性、媚性、虚栄心、惨虐性、智あって理性なき魔性の象徴となる。三国伝来金毛玉面《さんごくでんらいきんもうぎょくめん》と肩書のついた九尾の狐（きゅうびのきつね）の活動は、そのスケールの雄大さ、場面の華やかさにおいて、世界に比類なき変化譚であろう。多種多様の異説を整理して大略の常識としてまとめてみると、つぎのようなものである。

三千年の昔、中国の殷《いん》の紂《ちゅう》王の寵妃として王を魅し尽した妲妃《だっき》は、じつは千年の劫をへた金毛九尾の白狐だったという。紂王が妾として召した寿羊《じゅよう》という美女を途中で殺し、精血を吸い尽してその体に入ったのである。王は妲妃の望みにまかせ、摘星楼《てきせいろう》という高楼を設け、台上で淫酒の楽しみにふけり、皇后を殺し皇太子を流罪にし、諫言する忠臣を誅《ちゅう》し、さらに鹿台《ろくだい》という高楼を設け、池に酒を満たし肉を懸《か》けて林とし、酒池肉林という語のもとをつくった。なにをしても飽きると妲妃は不機嫌になって笑わない。銅の柱を焼いて油を塗り、罪人を押しつけて焼き殺す炮烙《ほうろく》の刑、多くの毒虫を入れた穴の中へ女を投げ入れて苦しみ死なせる蠆盆《タイボン》の刑、その他、胎児の男女をあてっこして妊婦の腹を裂くなど、妲妃の微笑を得るために紂王はつぎつぎと残虐な遊びを発明する。国を憂うる者はことごとく去りあるいは死ぬ。妲妃の目的は世を乱し人類を絶やして地上を魔界とすることである。紂王を見限って領地に帰った賢臣西伯侯は老死したが、その子姫発《きはつ》は賢者太公望を軍師として都に攻め寄せる。諸侯これに従う。紂王は火中に亡び、妲妃は捕えられたが、死刑執行人が妲妃の妖しい微笑に魅せられて首が斬れない。太公望が雲中仙人という者から与えられていた「照魔鏡」をかざし向けると、妲妃は金毛九尾の狐の正体を現し黒雲を起こして飛び去ろうとしたが、太公望の投げた宝剣で体は三つに斬り離されて地に落ちた。これが第一段。姫発は周の武王。

妲妃の死後七百年ほどして、釈迦《しゃか》在世の時分、天竺《てんじく》（インド）の耶竭《やかつ》国の皇子、斑足《はんそく》太子が華陽《かよう》夫人という美人を愛し、その女のすすめで乱行、非道がつのる。同じ狐の精が働き出すのに七百年も待たずともよさそうなものだが、そこが昔の天文で、人界の運も自然の運行に従い、魔道がはびこるにもそれに適した年のめぐりがあるのだ。ところが太子は一匹の狐が庭園に寝ているのを見て弓で射た。翌日から頭の怪我がもとで華陽夫人は病む。太子の命で脈を見た名医耆婆《ぎば》は夫人が人外の怪物であると悟る。夫人はなおも策謀をめぐらし悪行を続けるが、耆婆が金鳳山中で手に入れた薬王樹（移狐樹ともいう）という神力のある木の杖で打たれて九尾の狐の姿となり北方へ飛び去る。これが第二段。

場面が再び中国に移って、周の武王から十二代、幽王の寵姫褒姒《ほうじ》となって現れる。この美人がどうしても笑わないので、笑顔見たさに王は非常の際に諸国の軍を集める狼火《のろし》をあげる。諸軍がだまされて都へ集まり、あっけにとられているのを見て褒姒は笑う。これを繰り返したので、本当に外夷が侵攻して来た時に狼火を上げても「またうそか」と軍勢が集まらず、幽王は敵に殺され、褒姒も首を斬られる。諸侯の軍が到着して敵を追い、前皇太子を新しい王とし、褒姒の生んだ皇子伯服を追放した。伯服は美人と化して行方をくらます。妖狐の精はこれに移っていたのである。これが第三段。

千年たって、唐の玄宗の頃、日本は聖武天皇の御代、遣唐使吉備真備《きびのまきび》が日本へ帰国の船に、いつの間にか一人の唐風の美少女が乗っていた。玄海灘で気がついたので追い返しようもない。司馬元修の娘、若藻《じゃくそう》と名乗って日本を見物したくて忍びこんだという。博多に上陸すると、見えなくなってしまった。三百数十年をへて、鳥羽天皇の御代、平安期も末に近く、禁裡北面の武士坂部蔵人行綱《くらんどゆきつな》の拾い児で藻《もくず》という美少女が宮中に仕え、帝を淫酒のとりこにする。皇后に皇子誕生の祝宴の夜、一陣の風が灯火をことごとく消して闇となった時、藻の体が光を発して四囲を明るく照らしたので、藻の名の上に「玉」の一字を賜り玉藻前《たまものまえ》と名乗ることなった。寵愛深まるにつれ帝は病に悩まれ、衰え給うばかりとなる。天文博士安倍晴明の五代の孫、安《あ》倍泰親《べのやすちか》（泰成、とした書が昔は多かったというが、これは架空の名で、泰親は占いやまじないの名手として誉《ほま》れ高い人だが、時代が少し後なので、話が合わないとの、綿谷雪氏の精細な考証があるが、どうせお話だから、まあよかろう）が易《えき》をもって占い、御悩みのもとは玉藻であり、人でなく妖獣であることを知る。泰親の上奏は玉藻におぼれておられる天皇の御怒りに触れ、閉門となる。が、加茂大明神の神託を受け、願って七日間だけ閉門を免じられ、清涼殿の前に壇をしつらえて護持の修法《ずほう》にかかった。修羅場読みの名人といわれた明治時代の講釈師二代目小金井芦洲が噂を残したのはこのクライマックスで、「明日は晴明の祈り」というビラを配ると、翌日は聴客が激増したという。満願の当日、帝《みかど》の代りに玉藻前を清涼殿の斎場に礼拝させると、たちまち形相変わり、五体をふるわせ、艮《たつみ》の方に向って雲を呼び風を起こし、白面九尾の狐となって飛び去る。泰親が四色の幣《ぬさ》をとって投げつければ青色の幣だけが玉藻のあとを追って見えなくなる。「あの幣のとどまるところに妖狐はかくれている。幣を見つけたら都へ届け出よ。」と触れが回った。保安元年（一一二〇）のことだったという。これが第四段である。

それから十七年目の保延三年、下野《しもつけ》国那須の領主那須八郎宗重が、那須野ヶ原に青色の幣が落ちていると報告した。那須は悪狐に荒らされて弱っていた。朝廷では三浦介義明と上総介広常の二人に狐退治を命ずる。二人は犬を狐になぞらえて狐狩りの練習をする。これが犬追物《いぬおうもの》という競技のはじめになったという。多勢の武士と勢子《せこ》を使って妖狐は射とめたが、悪念はそのまま凝って石となり、近所を通る鳥獣は邪気に当たって皆斃《たお》れることとなり、人も恐れて近づかず、殺生石と呼んだ。数十年後、後白河上皇の仁安以後になって朝廷は、名ある僧侶をつぎつぎと那須野に派遣して、殺生石《せっしょうせき》の教化《きょうげ》を命ずるが、皆毒気に当たって斃《たお》れるばかりであった。やっと下野国示現寺の玄翁《げんのう》（源翁）和尚が来て祈願し、石を三度叩いて「汝元来石頭《なんじがんらいせきとう》、性従何来霊従何起《せいいずこよりきたりれいいずこよりたつ》」と誦して引導をわたすと、石は二つに割れて白気立ち昇り西方へ散った。これから祟りがなくなった。これは元中二年（一三八五。南朝後亀山・北朝後小松天皇の御代）の八月十三日のことという（後深草天皇の御代とする説が昔の俗書には多いが、それでは年代が早すぎて源翁和尚が出られないという、綿谷雪氏の考証である）。元中二年とすると、保延年度から二百五十年近くもたっている。石になってからも、ずいぶん永く猛威を揮っていたものだ。とにかくこれ以来、叩いてぶち割る和製ハンマーに「げんのう（玄能）」という名がついた。

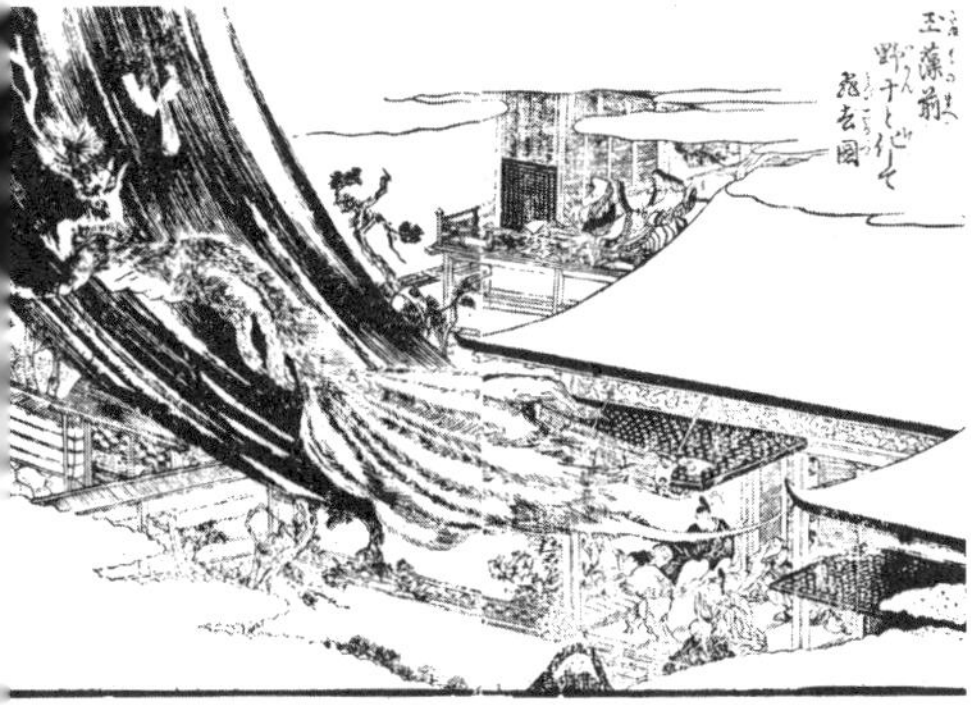

『絵本三国妖婦伝』

以上、言い伝えの雑多なデータの数々がだいたい整理されて小説的にまとまったのは江戸時代も後期に入ってのことで、高井蘭山の読本《よみほん》『絵本三国妖婦伝《えほんさんごくようふでん》』などの功であろう。その前後に筆写本で作者不明の「三国妖婦伝」があったのは、多分は講釈師の種本である。作者不明の〝実録本〟というのはたいていそうだ。

この話、歴史上の人物の組み合わせなので、いい加減な奴が脚色したがると、矛盾が多くなるのは無理もないが、なんといっても愉快なのは、全体を一匹の狐で通した組立てが日本の創作だということだ。妲妃の行跡については、だいたい中国の伝説を踏んでいるし、狐だったという言い伝えはあちらにもあった。だが斑足太子というのは仏に帰依した君主で、少なくとも軟派ではなかったようだし、第一、華陽夫人というのは、秦の始皇帝を危機から救う美人で、お里が違う。インド人の名前など知らないので、中国の婦人名を借用したのである。褒姒にしても、もとから妲妃の伝説とは関係なかった。日本でも、斑足太子夫人―褒姒―玉藻前―殺生石と転生させた伝説はまとまっても、室町時代まで妲妃の狐とは結びついていなかったらしい。

化生・玉藻・狐

が、とにかく今残る伝説としてでき上がったものは、日本製として珍しい大ロマンである。三国伝来―仏教の本家である天竺と、学問のすべてを教えてくれた先進国の唐と、神国日本と、当時の人にとってはこの三国が全世界であった。もちろん、化生《けしょう》の動物としての狐の伝承が、大陸からも伝わると同時に、その以前から日本でも狐をとくに妖獣と認めていた共通点から、思いついてこんな思いきった転生説話もできあがったわけだが、狐を別にしても、この話の構成の裏には、日本の美人の美しさは世界の美人のそれに通ずる、と考えたかった潜在観念がのぞかれる。なにか、明治開化以後、すべてのものの文化価値を西洋の基準に照合して考えてみないと安心できなかった日本人の性情など思い合わされ、いちいち「世界の日本」と背伸びしたがる面影を、昔の人の上に見る気がして微笑まれるのである。いつも先進国から教えられるものを基にして新しい自国の文化をつくってきた、わが国民の精神的宿命だろうか。

もう一つ、玉藻前という美女が実在したとして、どれほどの毒婦であったか、また周囲の憂慮や嫉妬が働いたか。ただの人間であるものを、策謀によって、狐あつかいされて難を蒙ることなども、当時としてありそうなことである。前項で述べた「鬼」じつは、盗賊と同じ理屈で、否応なしに狐あつかいされた者も数あったであろう。これは西洋でもつい二、三世紀前まで、気に食わない女を魔女あつかいして殺した「魔女狩り」

の風習など思い合わされる。狐についての迷信は再々触れるとおり、古く、強く、だいぶ意識的に利用されたらしい。称徳帝の御最期に当たって、胎内から異物を取り出すために召された小手尼《こてに》という産婆めいた女を・権謀家藤原百川《ももかわ》が「妖狐なり」といって斬り捨て、そのまま女帝を死に至らしめた話は有名である。そういえば、男が野外で出合って交った女がじつは狐だったという話なども、女性を犯してから、女性が立ち去った後、草の陰からごそごそ出て行く狐を見て「ああ、あいつ狐だったのか」などときめて、良心のなぐさめにした場合もあったかも知れない。

遠く天竺から数千年の縁を引いて本朝に結びつける物語の構成は、諸国の名刹の垂迹《すいじゃく》の由来を語る縁起書(たとえば「熊野本地」)に多く見られ、筋も経文にあるエピソードの転化が多い。玉藻前の物語も、その手法を学んで俗界におよぼし、仏様ならぬ魔性の者の方に応用したのだと考えれば、破天荒と称するほどのことはないかも知れぬ。また部分的なデータを見ると、魔性の者をしりぞける力を持った薬王樹とか、傷つけられた妖獣が人の姿に戻ってとぼけているとか、いずれも江戸時代における変化《へんげ》譚の一つの型として、猫や狸の怪談の要素となっていることは、誰しも思い当たるところである。これらについては、後章で、定型化された主要なばけものの種類を列記する際に述べる。

温泉地那須野では硫化水素やその他の毒気が噴き出すところもある。鳥獣を斃したのは狐でも石でもない、ということは、いまでは常識になっている。科学の世のありがたさで、玉藻前のぬれぎぬが一つ、はらされたわけである。

平安時代も半ばを過ぎると新興階級たる武士の活動が盛んになって、弱虫の公家衆の不得意な実力行使を引き受ける。したがって妖怪変化退治の話もにぎやかになる。

さむらいは強い

説話の中の武勇

『前太平記』という巷説で源頼光《みなもとのよりみつ》と家来の渡辺綱《つな》や坂田金時《きんとき》（足柄山の金太郎）たちが活躍するのは十世紀の後半から十一世紀のはじめにかけて、一条天皇の御宇を中心とする時代と思ってよい。紫式部、和泉式部たちの美人文芸も、安倍晴明の学問・魔術（？）も、ちょうど華やかな時期に当たる。頼光の配下の四天王というのは渡辺綱、坂田金時、卜部季武《うらべのすえたけ》、碓井貞光《うすいのさだみつ》であるが、協力者に和泉式部の夫の平井保昌《ひらいのやすまさ》などがいて、和泉式部をさらいに来た賊を捕えた保昌が、鈴鹿山の山塞へ乗りこんで山賊退治をするなどの場面もある。大江山の鬼のことは前項で述べた。羅生門の鬼は、『平家物語』など初期の言い伝えでは一条戻橋《もどりばし》のことになっていて、水に映った美人の姿が鬼の正体を示すという現象はこの種の説話における一つの型であって、前項で触れた大森彦七の話なども同じである。西洋の吸血鬼ドラキュラなどの姿も鏡に映らない、というお約束を思わせるきまりである。

なお、彦七が鬼の美女を背負って川を渡る姿を世話物《せわもの》化した形が江戸時代の巷説として祭文《さいもん》語りに謳われた、笠松峠の女賊「鬼神のお松」である。旅人に背負って貰って背から刺し殺し、金品を奪って死骸はそのまま川へ流したという。

頼光四天王が退治する変化にはもう一匹、土蜘蛛がある。市原野を通って気分が悪くなった頼光がそのまま病に伏すのは、毒気に当てられたからで、この蜘蛛は、もののけを祓《はら》う祈りをするといって僧に化けて頼光の病床へ襲ってくる。なぜ恨みもない頼光一人を目の敵にするのか、おかしいけれども、やはり日本を魔界にするのに、強い将軍がいては邪魔になる、という理屈であろうか。名刀「膝丸」に斬られて山の洞へ帰るが、血の跡を追って来た四天王に退治されてしまう。歌舞伎の舞踊に数多く残っているが、なんといっても、頼光の邸へ化けて来て、おいらん、禿《かむろ》、座頭、などと、一人の役者がいろいろな扮装で踊りを見せる「宿直《およづめ》噺《ばなし》」などという題で演じられる場面が、歌舞伎らしい色彩と無邪気な味で楽しい。明治できの能楽まがいの松羽目舞台の上品がりなどは鼻つまみである。蜘蛛の妖虫としての特色については、これも後章でまとめて記す。とにかくこの土蜘蛛は、土地の悪霊（第一章参照）としての伝説的意義を、かすかにとどめている感じがある。同様に、俵藤太秀郷《たわらのとうだひでさと》が琵琶湖の竜神に頼まれて射殺する三上山の大むかでも、明らかに土地の「ぬし」的な面影と役割を示している。

源三位頼政《げんざんみよりまさ》の鵺（ぬえ。鵼とも書く）退治も有名だが、頼政が退治したのはぬえではない。「鳴く声ぬえに似たりけり」とある、鳴き声だけが鵺に似た怪物である。ぬえとは「とらつぐみ（鬼つぐみ、ともいう）」という鳥で、夜になって活動し、小児の泣声に似た声で鳴くので不吉として

土蜘蛛　芳年画

頼政が退治した怪獣

忌み嫌われたのだが、不思議というものではない。

頼政が退治したのは、平家物語によると近衛天皇の仁平三年（一一五三）のことで、毎夜丑刻《うしのこく》（午前二時）になると皇居の上空に黒雲が下がり、主上が苦しまれるので、頼政が射落し、地上に落ちた怪物を家来の猪早太《いのはやた》が刺し殺した。見ると頭が猿、胴が狸（虎ではない）に似て、尾は蛇というしろもの。功によって「獅子王」という御剣を賜った。その時左大臣頼長が、「時鳥《ほととぎす》名をも雲井にあぐるかな」と呼びかけ、頼政即座に「弓張月の射るにまかせて」とつけたという。これを二条院の御時とする異本もあり、長門本《ながとぼん》では鳥羽院の御代になっている。『源平盛衰記』では二条院説で、それはいいが、頭は猿、背は虎、足は狸で尾は狐、鳴く声は鵼に似た、というわけで、歌のやりとりをする相手も違っている。なにがなにやらだが、とにかく狸や狐が混っているのだから、「本当は申年と寅年と巳年の謀叛人のことだろう」などという新解釈は成り立たないはずである。狸歳などという人はない。

晴明と小角

王朝の化けもの現象として、もう一種を別に付加しておく方が妥当であろう。鬼は鬼でも自主的にわるさをする鬼ではなくて、魔法使いが手先として駆使する妖魔である。

陰陽道の思想

奈良朝以来、大陸への留学者が持ち帰った陰陽道（おんようどう）、すなわち、陰陽五行説《いんようごぎょう》による天文と易法は、太陽神信仰と仏教の迷信的把握しか持たなかった日本人に、宇宙の構成・運行の原理を論理的に解明した科学として絶対的な信頼を得た。天地を組成する物質を木火土金水（もく、か、ど、ごん、すい）の五要素とし、すべての物性を陽と陰の二種に分けて対照させ（男と女、天と地、火と水というふうに）そのバランスと融合によって安定が保たれるというこの学問は、今からみれば幼稚な迷信であっても、当時としては唯一の即物的大論理だった。人間、それ以上の科学を持たなければ、たいていの現象は、方式に当てはめてみればもっともらしく思えるものである。人類の歴史は階級闘争の歴史だ、といわれればそうみえるし、民族闘争の歴史じゃないか、といわれればそうも思える。裁断の角度、方式の問題で、今のわれわれとてもあまり昔の人を笑えない。陰陽師（おんようじ、おんみょうじ）、天文の博士は、その原理を把握し、自然の運行の傾きに支配される人間界の施政方針や個人の運勢にまでかかわる予言者、物理学者の権威として朝廷に重んぜられる。なにしろ暦を握っていて秘密とし、人の恐れる日蝕、月蝕の日時を予言し、祈り・呪法によってこれを晴《は》らしてみせる（祈らないでも晴れるはずだけれども）というインチキで感謝されるのだから強い。流行病《はやりやまい》も月の故とし、火事が多くても星のせいとこじつける。そうなると超人的能力を示すために、トリックを用いて権威保持の種にした跡がある。どんな不思議を行なおうと、人間の能力としてだけならば、特殊技術というだけで、化けものの範囲外であるが、目に見えない怪物を使っていたという言い伝えまで加ってくると、話が別である。神でもなく変化《へんげ》でもない正体不明のその妖怪その物はばけものに違いないからだ。

妖怪〝識神〟

陰陽師中の人気者、安倍晴明のこと（信田の狐の生んだ子だという）は前にも書いたが、これが、人の目には見えない妖怪を駆使していたと伝えられる。その名を「識神（しきしん）」という。無色透明の怪物らしく、どんな形をしているのかは判らない。藤原道長を呪う叛逆者芦屋道満の居場所を、紙の鷺を飛ばしてつきとめた晴明の働きは、『宇治拾遺物語』『十訓抄』などにあるが、やはり識神を使って走らせている。その他、他人が訪ねて来た時に人なくして庭の戸を開閉させ、必要な道具をひとりでに眼前に取り寄せるなど、皆この見えざる部下の働きとして誇示している。だいたい陰陽師の方術《ほうじゅつ》（まじない）は中国と日本の神道を折衷したもので、これが彼らの技能のうちの魔術的な部門だが、その助手が、わざわざ漢字名をあててはいるが、国籍不明、形態も性質も出身も不明というのはおかしい。庭の柴折戸《しおりど》が命令一下ひとりでに開くぐらいのことならば、現在でも奇術で用いる黒糸の一筋を夕闇の中で引っ張れば足りることで、しょせんは宣伝のための虚妄の手段だったろう。これも都大路の「悪鬼」同様（本章「百鬼夜行」の項参照）、夜と灯火の暗さのおかげを多分に蒙っていたのではないか。池の蛙を識神に皆殺しさせたという事蹟も書き残されているが、ちょっと池に毒か何かでも撒いておけば済むことである。すべて、当時のことで邸内に大した仕掛《からくり》などできたとは思えないが、前述のとおり、ガラス戸も電灯もない家内の暗さという味方がある。

使役される諸鬼

もっとも陰陽家より以前から、ある種の人間がそういう妖魔を使役するということは認められていた例がある。天智天皇の逆臣である藤原千方が、金鬼（主人を護って不死身《ふじみ》にする）、風鬼（暴風を起こす）、水鬼（洪水を起こす）、隠形鬼《おんぎょうき》（姿は見えず待伏せして敵に不意打ちを食わす）という怪物どもを手下にしていたということが太平記にある。

また、役の行者（えんのぎょうじゃ）として名高い役《えん》の小角《おづぬ》は、七世紀の末頃、大和葛城山に住んで呪術《じゅじゅつ》に長じた者であって、人心を惑わす怪しい術を使う危険人物として伊豆へ流された、というだけの人だが、後に葛城山を中心に、山伏《やまぶし》の修験道《しゅげんどう》という特殊な宗派（山に入って鍛錬し、身心を大自然の生命と一致させ、神変自在の力を得る）が完成されるにおよんで、その伝説的宗祖に祭り上げられてしまい、こんにちに至っている。そうしてその伝説の上では、彼は前鬼《ぜんき》・後鬼《ごき》という二匹の妖怪をいつも従えていたことになっている。これは識神と違い、神変大菩薩役行者様の像の傍にはいつも控えているから、その面影を今でも見ることができるが、要するに「あまのざこ（本章「百鬼夜行」の項参照）」と同類の形態の小鬼である。

以上、これらの物の存在が認められていた、ということが、民俗史の一ページとして、日本的妖怪の血統づくりに参加しているということを、見落すわけにはいかない。

血のあけぼの

応仁以来天正まで百二十年、武将互いに中原の鹿を争って競《せ》り合った時代は、親が子を殺し弟は兄を倒し、極端な不信と相剋の連続だが、そのわりに一般人の常識に残っているほどの粒立った幽霊譚はない。狐と狸のだまし合い、討つ討たるるは時の運で、自分がついに討たれる役回りになったからといって、化けて出られた義理ではなかったかも知れない。戦争という大量殺人の中で百把一からげの雑兵どもに至っては、霊化資格の免状も得られなかったろう。一、二を挙げて、つわものどもの夢の跡をしのぶにとどめる。

武者亡霊の雄姿

天正十一年四月二十四日は、信長の後継者になり損い、賤ヶ嶽の一戦に敗れた末、羽柴勢に追いつめられて北の庄の城に自ら火を放って滅びた悲運の武将柴田勝家の命日である。毎年その日の夜中になると、旧本丸《ほんまる》跡から福井の町を横切って名所の九十九《つくも》橋まで、鎧《よろい》に身を固め松明《たいまつ》をかざした騎馬武者の群が、隊伍を整え列をなして粛々と行進するという。鎧は着ているが兜《かぶと》はかぶっていない。かぶりたくても首がないのである。この首なし武者のパレードを見た者は病にかかったり災難にあったりするので、道筋の家々は四月二十四日の夜は戸を閉ざして表へ出ないのが習慣だったという。さすがに現在のコンクリートの橋になってはは性が合わないとみえて現れないそうであるが、欧州やイギリスでも諸所に残っている「無頭騎手（Headless Riders）」の伝説など思い合わされて、日本の集団幽霊としては堂々たるものである。

　永禄三年五月、豪雨の中で桶狭間の陣に織田勢の奇襲を受けて思いがけぬ不覚をとり、滅亡した今川左近将監義元は氏親《うじちか》の第三子であり、一度僧籍に入ったものを、機会を得て兄を廃して駿河の太守となった者である。巷説では、桶狭間の最後の夜、連戦連勝の祝宴を催した後、一人で己れの宿所に入り、寝に就こうとすると雨が降り出してやみそうにない。母が堂上の出で、その風を受けて常にまゆずみを入れている風雅の大将であり、奢りの態度もあった人だけに、「降れやふれ」と和歌の初の五が浮かんだので、筆をとったがどうしても後が出ない。とたんに敵の不意打ちとあって騒がしく、あわてて甲冑をつけ「馬曳《ひ》け、」と闇中にとび出すと、「降れやふれ」とあわれな声が虚空に聞こえる。思わず振り仰ぐと、雷鳴雷光の中に、殺した兄の姿が浮き出して義元を指さし、

降れやふれ　ほどよく降れや
五月雨《さみだれ》に　うたれ行く身ぞ

隣れなりける

と、つまらぬ歌をとなえて心地よげに笑う。義元が身ぶるいして呆然と立ったところへ、織田方の雑兵毛利新助、服部小平太の二人が槍を揮《ふる》って躍りかかり、名将もあっさり端武者《はむしゃ》の手にかかってうたれて終り、という話は、死んだ義元自身のほかに見た者はないはずだから、嘘にきまってはいるが面白い。悪党が里ごろがついたら年貢の納め時だ、と世俗にいう。幽霊など見るようになったら豪傑もおしまいだろう。豊太閤が最期近く身心衰えて、うなされたのは虐殺した摂政関白秀次一族の夢ばかりではなかったらしい。徳川家康の駿府城内での夢は最後までわが成功のみを喜んで安らかだったろうか。そうとすればやはり一番の強者は彼であった。しかし、大坂城内に後々まで、見てはいけない「開《あ》かずの間」があって、淀君と秀頼の幽霊が座っているといいつたえられ、番士たちに恐れられていた。

室町時代から安土桃山、徳川時代の初めまで、一般庶民の間のばけもの常識については、お伽草紙・仮名《かな》草紙といったやさしい読みものの種類が、桃太郎、猿蟹合戦の民俗伝承とともに、「狐に化かされ」や「酒呑童子」の類を選び、整え、簡素化して、次代に伝える役目をなしたことを、記しておけばよいだろう。文芸史でないこの書においては、その過渡期的な説話形態を詳しくせんさくする必要はなく、次の時代の文化の中で、現在のわれわれの常識となる物にまで固定化された概念を整理すれば足ると思う。

かくて世は、安定した泰平文化の中で、すべての観念をその制度とともに固定していく徳川時代に入る。

第三章　妖怪紳士録

空想の復讐

徳川期は封建制度の完成された安定型であり、その文化は封建文化の最後の、しかし輝かしい華である。改革された後代からみて、前時代をわらうことは嬰児の手を捩《ねじ》るようにやさしいけれども、よかれあしかれ、完成された制度と文化はそれなりの情景と美をも完成する。

安定のもたらす心の余裕が求める奇抜な楽しみと、革新を許さないきびしい制度と生活の枠に対する不満を紛らす夢の中で現実の復讐、これらが合してどぎつい妖異趣味を発展させた。退廃期と呼ばれはした―明治、大正の健全主義から―が、じつは江戸文化の爛熟期、絶頂期と称すべき文化・文政期、すなわち十一代家斉《いえなり》治世の十九世紀前半において、娯楽的おばけ文化も完成に達し、いわば一種の無理のないグロテスク芸術を仕立て上げた。現に今日でも「おばけ」「ばけもの」の一語でわれらの頭におのずと浮かぶ日本伝統の怪異の姿は、おおむねこの時代に固定化され、常識化されたものだといってよい。

とくに幽霊趣味の興隆については、社会現象として重要な心理的原因が加わっていることに注目される。社会心理学的に、いつの世にも通じる問題がそなわっているのである。

「いわ」と「かさね」と「きく」

幽霊・妖怪・変化の三種の怪物の中で、現実の生活に関わりが強いという意味で、主役はなんといっても幽霊である。源を探れば神や地霊の変形である妖怪変化は、習俗や信仰の上からは重大な意義を伝えているにしても世の中が物質的、経済的に進歩し、生活が忙しく、せち辛くなり、精神生活も即現実的に、夢も空想も現実生活との関連において生かされるようになれば、生きた人間自身の延長であり、現世で果たせなかった義務を果たすために働く幽霊の方が、怪異の世界の主役とならざるを得ない。

幽霊発生の基盤

支配権の絶対性に対する論議も検討も許されず、長上に対する忠誠と従順のみが強制される、封建社会の制度と道徳が強く固定化されるほど、庶民の内心の叛逆は夢の世界に托されることになる。善人が必ずしも現世において勝利をおさめないことを、経験によって思い知らされ、いやでも認めざるを得ない。制度や境遇の圧力に支配されて志を遂げず、矛盾を感じながらも恨みを抱いたまま世を去らねばならぬ庶民にとっては、古来の俗信にしたがって死後の霊鬼に復讐を頼み、せめてもの心やりとするほかなかった。肉体を離れた霊は、斬っても斬れず、突いても損なわれない、形なきものである。固体を貫いて浸透し、人を襲って自由である。生前の弱者は神通力を揮《ふる》って絶対の強者となる。悪因善果の矛盾を訂正するために、痛棒をふるった後でなければ成仏しない。近頃の推理小説通の間に、殺人事件の被害者は善人でないと面白くない、という説がはびこっているのは、考え合わせると、頷けることである。犯人を捕え罰する、という復讐の意義が、被害者が悪人であっては、薄くなってしまうのだ。

ついでにいえば、現今の映画やテレビの殺人劇の流行も、識者が顔をしかめるような、人心を毒するものとばかりはいえない一面の影響があることを認めねばなるまい。怪談が、前述の意味において民衆の憤懣《ふんまん》を夢の世界で満足させる緩和剤になっていたのと同様に、殺し劇は現代人が不満と焦燥の生活で爆発させたくなる野蛮な残忍性を、空想の世界で果たせて、実行にいたらずに済ませてくれる役目をつとめてくれるからだ。—もっとも、極端に危険な性格を持った者には、実行欲をそそる刺激ともなることはいうまでもないから、手放しではほめられないけれども。

女と怨念

ともあれ、立派な理知的な生活意識と、現実的に実証されないものを否定するだけの文化意識とを備えた江戸時代に、その制度と運営が安定すればするほど、怪談が喜ばれ、弄《もてあそ》ばれたゆえんはここにあった。そうして、その幽霊族の要人の座を占めた者は、男性でなくして、女性であった。

仏教で女は「三界に家なし」といって心の安住の資格もない業の深さを謳い、儒学でも女性の質を「淫にして妬」なる者とし、とくに罪深い性であることを前提としてあつかうのは、もちろん、男性側から見ての勝手にすぎない。女性が理知よりも感情に恵まれているのは事実としても、とくに性悪《しょうわる》だとするのは、自己の対象として、思うままにならないのを口惜しがる男のわがままないいぶんではある。どこの民族でも社会生活における生存競争が激しくなればなるほど、男性が力でおさめる社会になってしまい、多くの社会的基準が男の立場から立てられるようになった。淫にして妬なのは男性とて女性に勝るとも劣らないが、女だけが慎んでくれれば、男には都合がよいのである。

神に心を通じ衆を支配する女性を族長として統制されていた日本（第一章「つきもの」の項参照）も、ごたぶんにもれないこととなった。まず仏教によって「罪深い」者とされ、封建時代に入ってもっとも男性的な男性たる武士が世を治める時代が重なるほど、女性の地位は情けないものになっていった。世襲階級制度が固定して動きのとれない中で、どんなに栄華をあきらめた下層の男子でも、せめて同階級の女性だけには威張れることをもって慰めとし、口惜しさをまぎらしたのである。女性たるもの「怒《おこ》りゃふくれる、叩《たた》きゃ泣く、殺せば化《ば》ける」という俗諺《ぞくげん》どおりの順序を踏まざるをえない。弱きがゆえに生前受けた虐待が男子に数倍するならば、恨みも復讐の手段も数倍になるのは当然である。それを喜び、ときには信じようとつとめる世人の心理の奥には、自己の志す復讐の代行者に対する同感と喝采があった。

数多い説話の多くを挙げては選択に窮する。いまの世にも常識としてその名を知られている代表選手の一、二について若干の考察を試みれば、社会史および風俗史における江戸幽霊の意義が感じられようと思う。

実説四谷怪談

これくらい有名な怪談はない。まさに幽霊の本家家元は自分だといわぬばかりのお岩さまである。しかもなぜこの怪談が、事件そのものとして他の多くの幽霊談を抜いて人気者になったかについては、まことに根拠薄弱である。そしてもう一歩を進めて考えると、そこにこそ当時の人心と時代相の急所を見せている興味がある。

田宮という御家人の妻岩（いわ）という女が嫉妬に狂った形相《ぎょうそう》で左門町の通りを東北へ走り抜けて行く姿、それがそのまま変死自殺を遂げて、その後田宮の家に怪異と祟りが重なったこと、そうした印象と噂が四谷界隈の住人の間に永く残っていたことは事実らしい。が、それはなにも多くの怪談の中でとくに世人一般の間に記憶されるほどのものではなかった。まず、この怪談が有名になってから文政十年（一八二七）に四谷塩町・忍町の名主茂八郎が奉行所へ差し出した書き上げ（調査報告）に実談として記されている事件のしだいを略述する。左門町というのは町名でなく、武家地のあだ名であった。初期の組頭が諏訪左門という者であったところから出た呼称だという。昔は武家屋敷の区画と、町奉行支配の町家の「町」とははっきり分かれていた制度だった。

四谷左門町のお先手組同心で田宮伊織、その娘の岩は幼時の疱瘡《ほうそう》で顔のくずれたひどい醜婦で、性質も僻《ひが》みっぽく強情、一人娘だが婿に来る者がない。しかし家は裕福なので、それをめあてに摂州浪人の伊左衛門《いざえもん》という者が入婿となって田宮家を継ぐことになる。同じ地内に住む上役の与力《よりき》伊藤喜兵衛は、妾のことが妊娠したので、その児を認知しては世間体に窮することから、伊左衛門を誘ってことに近づけ腹の児を彼に被《かず》ける。喜兵衛、伊左衛門、遊び仲間の秋山長左衛門らは策謀をめぐらして伊左衛門と、こととが夫婦になるため岩を追い出しにかかる。伊左衛門は放蕩をよそおい家財を持ち出し、岩を虐待する。喜兵衛は岩をだまして「こちらから望んできて貰った婿をすぐ追い出すわけには行かぬが、別れねば貴女《あなた》がかわいそうだ。あなたがしばらく家を出て縁切り奉公に行きなさい。そのうちに万事うまく取りはからうから」と岩を家出させて三番町の旗本の家へ奉公にやり、あとは伊左衛門とことが祝言する。それが貞享四年七月十八日のことだという。つまり元禄期の初期だ（このところ注意）。岩は知らずに奉公していたが、四谷に住んでいてかねて出入りだった煙草行商の喜助が、三番町の旗本屋敷へも回って来たので、それから事情を聞いた岩は逆上して四谷へ走り帰り、組屋敷中を狂い罵りまわった末、走り去って行方不明となった。そのすさまじい形相から、狂いまわった通りに「鬼横丁」の名を残した。それからは怪異の連続で、田宮伊左衛門一家はお岩の亡霊に祟られて絶滅し廃家となる。伊藤家の方も、養子が家をついだが過ちがあって刑死し、絶家になる。

四谷怪談の「蛇山」　豊国画

喜兵衛は隠居して土快と名乗っていたが、これも死霊につきまとわれ無惨な最後を遂げ、その他、岩追い出しに一役買った連中は皆祟りを受ける。

不可解な成功

この一件、伊左衛門とことの婚姻の日時からみてもわかるとおり、元禄期のことだというのに、この書き上げは文政十年で、文政八年の夏狂言の歌舞伎の大当りの後であり、他の草双紙などもみなその後の作品だ。また事件がそれほど有名ならば、文化の初めから毎年のように怪談狂言を書き続けている作者の鶴屋南北が、それまで三十年間に一度も扱わないはずもなく、それ以前に随筆にも小説の材にも現れていないとすれば、四谷怪談の名声の因はまったくこの時の芝居の成功一つにかかっていると見るほかない。

これは漠然と思えば不可解なことなのである。同じ作者はそれまでに数多い怪談狂言の傑作をものして成功をおさめ、その後も書いている。「四谷怪談」の内容が、それらに比してそれほど一頭地を抜く優れたものを持っているとは思えないからである。文政八年七月、中村座『東海道《とうかいどう》四谷《よつや》怪談《かいだん》』は「忠臣蔵」に続ける二番目狂言として書かれたもので、民谷伊右衛門《いえもん》も塩谷《えんや》の浪人、つまり実説の赤穂浪士の一人である。ただし、国元を汚職で浪人して江戸へ出て来た不義士で、そのために妻の岩（美人である）の父、四谷《よつや》左門《さもん》が怒って岩を離別させ、引き取ってしまったが、主家が潰れたのでこれも浪人して江戸におり、岩と、左門の養女である妹の袖《そで》とは、生計をたてるために父にないしょで春を売っているありさま。袖は夫の佐藤与茂七が主君の仇を報じようとする義士の一人（矢頭右衛門七にあたる）で同志とともに苦労しているので別れ別れになっている。もと下僕の直助、いまは権兵衛と名乗る悪党はお袖に惚れていて、与茂七と着物を取り換えていた同志の奥田庄三郎を、恋敵の与茂七と思い浅草田圃《たんぼ》の暗まぎれに暗殺する。同時に伊右衛門も舅の四谷左門を殺し、二人共謀して伊右衛門は親の敵を討つ助太刀をするといって岩ともとの鞘におさまり、直助は夫の敵討を助けるといって袖と夫婦になる。

それから伊藤喜兵衛の筋になる。親を殺してまで連れ戻したお岩を伊右衛門は虐待する。愛していながらのわがままか、口でいうとおり飽きたのか、脚本はこの作者らしくもなく不徹底で、初演に七世団十郎が演じた伊右衛門役は、役者が解釈を確《と》り定めてかからねばならぬ難役である。金持の伊藤喜兵衛の娘の梅が伊右衛門に惚れ、娘かわいさに喜兵衛は岩に産後の血の道の薬と偽って顔の腐って醜く変ずる南蛮渡りの毒薬を届ける。伊右衛門も岩を捨てて裕福な婿になる決心をする。己れの相好の変わったのを見て悪企みを知った岩が伊藤の家に恨みをいいに乗りこもうと、化粧する「髪梳《す》き」は凄い見せ場である。義士の一人、小汐田又之丞（赤穂浪士の潮田《うしおだ》又之丞この人が病に悩んだという話が義士伝にも残っている）の下僕の小仏小平が、主人の破傷風の病に効く薬を伊右衛門が持っているのを欲しがって盗みに来たので、これを狂死した岩の不義の相手として殺し、伊右衛門と悪友とで岩と小平の死体を一枚の戸板の両面に打ちつけて川に流す。岩の怨霊はすぐ現れ、伊右衛門はこれに操られて誤って梅も喜兵衛も斬り殺してしまい、行方をくらますことになる。岩、小平、与茂七の三役は初演の三世菊五郎以来、一人の役者の早替りで演ずる仕組で、脚本の運びもそうできている。

つぎが有名な「戸板返し」の場で、砂村の隠亡堀《おんぼうぼり》（現在の砂町火葬場とは位置がずれていて、岩井橋東詰、横十間川の一部だという）で伊右衛門が釣りをしているところへ、例の戸板が流れて来て土堤へ立てかかり、死骸が目を開いて伊右衛門に呪いのことばを吐く。お岩の死骸を見てから伊右衛門が戸板の裏を返すと、同じ役者がもう小平の姿と顔で現れるので観客は驚いた。直助権兵衛はこの場で鰻掻《うなぎか》きとして現れ、お岩の櫛を拾って住居に持ち帰ると、少しばかり怪異がある。結局、直助と袖は真の兄妹と知れ、直助の殺した奥田庄三郎が旧恩ある主人の子息であることも判り、袖を殺して直助は自殺する。小汐田又之丞は小平の幽霊のもたらした薬で病気全快し、仇討の人数に加わる。

幽霊に悩まされて衰え果てた伊右衛門は（この変わりようが脚本として唐突である）蛇山（以前「原庭」といっていた、今の東駒形二丁目の中の、長建寺横町の、昔「つぶれ道通り」といったところで、蛇がたくさんいたという）の庵室にいる。岩の亡霊が現れて伊右衛門の母（これが達者な悪者に書けている）を噛み殺し、伊右衛門をからかう。与茂七が来て伊右衛門を討ち、主君の仇討に同志のもとへと駆けて行く。あと忠臣蔵の討入り。

歌舞伎とは無縁の読者で、じつはこの筋をよく御存じない方もあろうかと思い、周知の仕組をわざわざ略述したのは、この作品、地味で格別の取りえのない実説（？）よりは賑やかには違いないが、さりとて類似の多くの説話や舞台面に比して、ずば抜けた名声を背負いそうな内容はほとんどないことを明らかにしたかったからである。筋はわりあいすっきりととおっているし、お袖のつとめる売春宿や、小汐田又乃丞の養われている貧民窟の描写など、当時の下層風俗も面白い。だがそんなことはお岩様を幽霊の横綱にするのに何の役にも立つはずがない。まず筋の幹をなしている、悪人が自分で殺した者の仇を探してやるととぼけて、被害者の娘と夫婦になるという構想は、作者自身の旧作『謎帯一寸徳兵衛《なぞのおびちょっとくべえ》』という、近年復活されて時々上演されるものの仕組をそのまま使っている。初演の、いまでいうポスターの宣伝文句（「カタリ」という）にはまったく違った筋立が書いてあるところをみると、なにかの事情で、急遽、旧作応用のやっつけ仕事に変わったのであろう。そしてなによりもお岩様の看板である半面紫色にただれた面体《めんてい》の扮装は、明らかに〝かさね（累）〟という先輩の模倣である。当時としては、かさねの方に優先権があり、観衆が珍しがるものではなかった。蛇山庵室の場で、同宿の唱えるナンマイダの声にさまたげられて幽霊が伊右衛門にかかれず、耳を抑えて百万遍の輪の周りをぐるぐるまわるのも累《かさね》の狂言の応用である。幽霊が格子を明けずに家に入ったり、後ろ向きに仏壇の中へ消えたり、かぼちゃに目鼻がついたりする、たいていの凄味な仕掛や趣向も、旧作品の中での南北自身の創案を、また用いたのである。直助とお袖の兄妹相姦の因果話などは、毎度おなじみの歌舞伎の定石である。観客は文化初年以来、それまで二十年間に、もっと大仕掛で、血みどろで、淫虐な怪談狂言を見なれてきている。いったいなにが、ここまでお岩をヒロインたらしめたのだろうか。実話としては、皿屋敷のお菊や、累の半分も有名でなかったであろうお岩である。

人気者の三代目菊五郎が上方《かみがた》へ行くので、当分のお名残り狂言だったことは、この興行の人気を煽った一因であった。さらに、なんといっても材料が身近な江戸の巷説であったところへ、作者は当時のニュースのあてこみをいくつも取り入れた。それはこの狂言などもっとも成功している方である。妻だか妾だかが不義したのを殺して、戸板に打ちつけて早稲田川へ流したという事件。鰻掻きが川の中から櫛を拾って来たらその夜から熱が出てうなされたという噂。男女の情死体が隠亡堀へ背中合わせのまま浮かんだという評判。それらの生々《なまなま》しいできごとのあてこみを、はっきりした江戸風俗の中へ巧みに添加しながら運んだ筋立に興奮して「ぜひ見てきなさいよ」と客を呼びもしたであろう。それに、この項の冒頭で述べた、幽霊讃美心理の重点、弱き者の復讐への同情と喝采を呼ぶ点で、岩は比較的純粋に近い（今日の理屈で見ればおかしくもあるが）

ものだった。累は醜婦のひがみ根性の代表者として知られていたし、皿屋敷のお菊も歌舞伎の世界では、夫のために悪人の家にスパイとして入り込んだ烈婦であって、こと顕れて責苦にあう。南北が舞台上に創造したお岩は、父に従い、夫にだまされ、苛《いじ》められ、ただ運命にもてあそばれる憐れな女である。くわえて、当分江戸へ名残りの菊五郎の熱演も、格別の上出来だったに違いない。

戸板返しの秘密

しかし、それらの条件を合わせても、従来の怪談狂言に数倍する観客をこの時に限って動員したとは思えぬし、お岩の印象を独自のものとした原因としてはものたりない。舞台が有名にした岩女であるからには、舞台面そのものに他の作品では見られなかった輝かしい瞬間があって、その印象が人気の的となって再演、三演を促し、接した観客の数が増し、口伝えに噂が拡がるにしたがい、主人公のお岩の印象も、他の説話以上になじみ深く人々の心に刻みつけられたに違いない。髪梳きのくだりの運びと演出の良さ、類似場面は他にもあるが、これも一つの要素であった。が同時に当時の評判などを参考にしてみると、もう一つ、新鮮強烈な印象を与えて語り草になった瞬間を持っている。隠亡堀の「戸板返し」である。一人の役者が一枚の戸板の両面に打ちつけられた二人の人間に扮して瞬時に変わって見せるというきわどい技巧は、刺激を求めて仕掛たくさんの舞台上の怪異を喜び、役者の早替りを楽しんだ当時の観客が、はじめて見る奇抜な趣向として驚倒した奇術的新案だった。若死したが仕掛物の考案に優れていた南北の息子の考え出した趣向だったという。まず岩の姿で見せてから、戸板を裏返されると、かつらを脱げば小平の顔となり、戸板に穴があって裏側へ顔を出す、それまではその部分を水草がかかった態で蔽ってあり、それが落ちて小平の顔が現れる。

戸板返しの錦絵

小平の体は人形でできている。子供らしい仕掛のようではあるが今日の舞台奇術でも類似の案による効果が応用されている。この大胆鮮烈な早業が、早替りの数々を見なれた当時の観客の目をも驚かし、他に見られぬ四谷怪談独得の場面として（しかも前述のように、これは市中で評判のニュース二件をあわせた幻想化だった！）記憶に残り、再演、三演を要求する目印となった。四谷怪談を怪談芝居のピカ一とし、ひいては、お岩さまをヒロインにした要因は、前述のごとき諸要素の積み重ねであるとしても、これに決定点を与えたものとして、戸板返しの一瞬があったことは否定できない。全曲の構成からいえば、プロットの前半と後半をつなぐ橋渡しの場面であって、クライマックスでも正念場でもない。その細部の技巧一つが、作品はもとより、題材となった実話の名声にまで影響をおよぼした。これは演劇という形式において感覚的な効果がいかに重大な鍵を握っているかを示す一例であることはもちろんだが、同時に、当時の民衆の心の渇きと欲求のあえぎを語っている。固定した制度と思想の束縛の中で、新しき物を求める欲望。それが熟し安定した文化になれて刺激を求める心と結びついて、どんな瑣末《さまつ》なことでもよい、一歩進んだ考案、新しい発明、その「あっ」といわせる効果を、進歩を求める心の救いとして民衆は、その生きがいであり、楽しみであった読み物、見世物、歌舞伎の上に求めたのである。

戸板返しの手柄は本章の冒頭に述べたその時代相の証左の一つであり、かくして四谷怪談は、怪異と早替りという、舞台上の刺激的要素の効果を、極限にまで推し進めた狂言として、怪談の王者となった。

人間に運があるのと同様に、事件においても、芸術作品においても、重んぜらるべきものが時を得ずして埋もれることもあり、さもない者がつまらぬきっかけから声誉を得ることもある。髪梳きと戸板返しに恵まれたお岩は、怪談の世界のラッキー婦人であった。

なお、小仏小平というのは、これも有名な怪談、木幡《こはだ》（小幡）小平次を持ちこんだもの、直助権兵衛というのは、講談の大岡政談に扱われている事件で、深川の中嶋隆碩《りょうせき》という医師の下男の直助が、主人を殺して金品を奪って逃げ、権兵衛と名を変えていた者。実際は大岡さまの扱った事件ではなかったが、同じ時に死刑になった権兵衛という悪党がいたので、紛らわしいから、直助の権兵衛、直助権兵衛と二つ名で呼んだ。その隆碩という主人が赤穂浪士で、討入りの人数に加わり損ねたので有名な小山田庄左衛門の身の果てだったというのが俗説なので、この狂言に持ちこんだのである。つまり直助に人違いで殺される奥田庄三郎は小山田庄左衛門の当てこみである。

講談・四谷怪談

講談の方にもむろん四谷怪談はあるが、歌舞伎の評判以後の作としては、筋立にその影響は少なく、文政十年の書き上げに準拠したらしい仮名垣魯文の「実録本」に近い。演者によって多少の異同があることはいうまでもない。ただ今日残っているものには、岩の母の身の上からの因果話がついている。四谷左門町で三十俵三人扶持の田宮又左衛門、裕福だが一人娘のおつなに婿がこない。幼時の疱瘡でひどい顔なのである。男ほしさから上総生まれの下僕伝助という人の好い男と交ることになり、妊娠したので駆落ちし、京橋五郎兵衛町に世帯を持つ。伝助は霞ヶ関の松平安芸守邸の足軽長屋に飲炊きにかよい、足軽高田大八郎が借金返済を迫られて殺した金貸し伊勢屋才助の死骸を見たばかりに、大八郎からおどされて死骸を捨てに出るが、臆病で棄てきれず、わが家へ帰って押入れへかくす。伝助の留守におつなが見つけて驚き、赤児を生み落して死ぬ。生まれた女児が岩である。伝助はさわぎを知って逃亡。高田も逐電《ちくでん》。孤児になった嬰児は祖父の田宮又左衛門が不憫がって引き取り育てる。この老人が赤子を抱いて目をうるませながら、愚痴をいうところは上手な講釈師のねらいどころで、「おおよい子だ。丈夫に育てよ。そなたの母は、不器量《ぶきりょう》に育ったばかりに、由《よし》ない者と縁を結んで不幸に終った。あれが醜く育ったふしあわせを嘆くたびに、わしは『武士の娘たる者がなにをいう。人はみめより心ばえだ。今にきっとよい婿をとってやる』と強がりをいって叱ったものであったが、しょせんは心にもない負けおしみだった。女性《にょしょう》は美しくあるべきもの、その方がやはりしあわせなのだ、よい子だ、みめよく育てよ。」気の毒だが、真理である。うまい講談など聴いたこともないくせに、ひとくちに講談趣味などといって軽侮する輩は、こういうところを知らないから困る。とにかく祖父の祈りも空しく、このお岩がまた天然痘でふた目と見られない顔に育ってしまう。

岩と累の違い

つまりこの話、要するに醜婦の悲劇なので、その点は説話としての先輩である「累《かさね》」と共通している。高田大八郎は後に伝助とめぐり会ってこれを殺すが、また別の悪事から捕えられて死刑になる。その悴の吉太郎というのが長じて不良青年となり、浅草で榊原数馬と名乗って易者をしていたのが、結局、お岩のところへ入婿となる。つまりお岩には親の敵の血筋である。ここまでの因果話が講談独自の脚色だが、どうも三遊亭円朝の人情話の名作『真景累《かさね》ヶ淵』の宗悦殺しから新助・豊志賀の因果話に似ている。どちらかが模倣かも知れないし、他の類似作から出ているのかもしれない。あとは書き上げおよび魯文の作に近いが、伊右衛門に思いをかけるのは伊藤喜兵衛の娘であって、芝居の方に近い。伊右衛門が悪友と共謀して財政窮乏とみせかけお岩を偽り困らせる手段など、なかなか辛辣《しんらつ》で面白い。

しかし、ここでも芝居同様、お岩は貞実可憐である。事実はともかく、舞台および巷説の創り出したお岩の良さは、そこが同じ醜女でも累と違うところであり、江戸人の心に好意的に抱かれたゆえんである。彼女が奉公に出るのは、家計のために借りた金から動きがとれなくなって、破産した結果の口過ごしである。夫にさからってではない。悟道軒円玉の本だと夜鷹（私娼）に売られることになっているが、いくら昔の闇の女でも、怖い顔が看板のお岩さまの容貌では不自然である。代々の小金井芦洲系で演じるように、女癖の悪い旗本の家で、奥さまが醜貌をみこんで雇うという方が面白い。そこで出入りの小間物の行商から事情を聞いた岩が飛び出す。後は怪異の連続となるが、演者によって異同がある。芦洲系の方には、蛇が出たりかぼちゃに目鼻がついたり、歌舞伎の影響がはっきりした場面が多い。

なお、いま左門町には、田宮家の子孫と町内との利権争いがもとで田宮神社とお岩稲荷が向かい合って互いに本家を主張し合って残っている。夫の浮気封じを担当する神である。田宮家の菩提寺は妙行寺といい、明治四十年に巣鴨の庚申《こうしん》塚へ移ったのでお岩を祀った墓もそこにある。筆者の兄がすぐその裏に下宿していたことがあったので、二階からのぞくと墓地が眼前であったが、いかにもそれらしい趣があってよかった。同寺の過去帳によると伊織というのはなく、岩の没年も寛永年度になっていて早すぎるそうであるが、これは五代目伊左衛門のできごとなのを、二代目の名が俗説どおりの伊右衛門なので、取り違えているのだろうと、綿谷雪氏の、さすがこまかい考証推理である。

結局、お岩は、純真で美しく弱く、愛すべき者の虐げられた復讐者の代表選手である。その意味で、歌舞伎のお岩も、醜く変貌する以前は、まず嫋々《じょうじょう》たる美女でなければならぬ。どんなに世帯やつれしていても、髪梳きより前は、観客に愛惜される美しさ哀れさを保持する役者でなくてはいけない。美しいほど、弱いほど、後の醜怪さは冴え、復讐の快感は高まるからである。

累《かさね》解脱《げだつ》

「かさね」の怪談で名の売れた羽生《はにゅう》村というのは、現在の茨城県水海道市羽生町のあたりで、鬼怒川のほとりである。

累の怪談は祐天上人の伝記の中にある。江戸時代の民衆の間に固まった高僧伝の人気者は王朝仏教では弘法、鎌倉時代の日蓮、室町の一休、徳川期の僧では祐天上人と定まった。高僧伝は宗旨宣伝の旅行記の興味であり、迷える魂を救うのが僧のつとめであるから、怨霊済度のエピソードがどれにも多い。累の怪談は「祐天記」の中の一エピソードなので、巷説としてもわりあいに簡単である。祐天大僧正は芝増上寺の三十六世に納まった名僧で、少年時は鈍才で、経文が覚えられず、成田山に断食の祈願をこめ、夢に不動尊の剣を呑まされて悪血を吐き、たちまち俊才に変じたという有名な生いたちがある。

羽生村の百姓与右衛門のところに近村の後家が再縁するが、連れ子の助（すけ）という男子が世にも醜い顔つきの奇形児なのを苦にして、鬼怒川へ（あるいは川の側の用水堀へ）突き落して殺した。その女が後で生んだ女子が、殺した助にそっくりの顔。累（るい）と名づけたが、近所の者は、助がかさねて生まれてきたようだといって、「かさね」と呼んだ。

成長したが両親の働きで家が豊かだったので、婿が来て、与右衛門の名をついだ。が、累はひがみ深く嫉妬心強く、家つき娘のわがままもあり、もともと財産めあての夫は鬼怒川の堤でひそかに累を殺し、後に後妻を迎えて菊という美しい娘をもうけた。その菊に助と累の亡魂が憑いて恨みを述べ、怪異を起こした。ちょうどほど近い弘経寺《ぐぎょうじ》に足を留めて布教中だった祐天上人がこれを聞き、十念を授けて死霊を成仏させる。

年度はいろいろに伝えるが、元禄三年の仮名《かな》草紙『死霊解脱《げだつ》物語』というのがもとであるというから、いずれにせよ徳川初期のことである。死霊の憑依現象の代表的説話であると同時に、胎教の暗示なども含まれていて面白い。

この累が四谷怪談のお岩の扮装の原型をなしたことは前に述べた。すでに享保頃から歌舞伎の題材となり、はじめは原話どおりの醜女役であった（芝居道では「おたふく」役といった）のが、安永六年（一七七七）の桜田治助の『伊達《だて》競《くらべ》阿国《おくに》戯場《かぶき》』で、美女変じてあざの凄い足の不自由な醜婦となる趣向が大好評で、以後の定型となった。これは伊達騒動の芝居で、累は、

高尾と累　豊国画

かさね殺し　国芳画

仙台侯に吊し斬りにされたという高尾太夫、いわゆる「仙台高尾」の妹ということにしてある。夫の与右衛門は主君のために高尾を斬って立ち退くお抱え力士絹川谷蔵のなれの果てで、因果を知りながら、姉の怨みで顔の醜く変わったかさねと夫婦になる。累は自分の顔の変わったことを知らず、夫から鏡を見ることを禁じられているのだが、見ざるを得ない破目になって、驚き嘆く演技も、四谷怪談にそっくり伝えられた。それからひがみ、嫉妬に狂って、与右衛門の手にかかることになる。この狂言は『薫樹累物語《めいぼくかさねものがたり》』などと題して今でも上演される。

清元舞踊の「かさね（色彩間苅豆・いうもようちょっとかりまめ）」は文政六年に南北が書いた『法懸松成田利剣《けさかけまつなりたのりけん》』の中の浄瑠璃場である。南北はほかにも「湯上がりのかさね」などといわれる名作を創っている。清元の「かさね」は、街の師匠のお浚《さら》いていどに残っていたのを、大正九年に十五世市村羽左衛門と六代尾上梅幸のコンビが舞台上に復活したもの。「めいぼく」の方は、三代目時蔵の晩年の演技など、五体の端々にまで執念を充たした趣で、傑作であった。芝居では与右衛門は鎌を揮うが、原話では苅豆の重い荷を背負わせて累を水中へ突き落したという。その方が過失死と見せるに都合がよく、説話としては自然である。

芝居はとにかく、巷説としては、同じ醜女の悲劇にしても、お岩の純情貞実に対して、累は醜婦や身体障害者としての悲しみ、ひがみや嫉妬深さを象徴しているところに特色がある。

皿屋敷

井戸の中から「一枚、二枚」とかぞえて「九枚、」であとはワッと泣く、皿屋敷のお菊。西洋には音だけの幽霊や、匂いだけのも珍しくないが、日本で声だけのものは、素性のはっきりした印象的な点で、これが代表である。

番町といい播州といい、諸説紛々。姫路、尼崎、岸和田、宮津、横浜まで遺跡や遺品のある家があるという。が、これは番町が本家であろう。承応《じょうおう》三年（一六五四）、旗本青山主膳の家で、正月二日、家宝の南蛮皿十枚揃いの一枚を割って手討になったというのが、年代のはっきり伝わっているいちばん古いものであろう。岡本綺堂氏の戯曲にもあるとおり青山播磨という旗本の名も伝えられたところから番町を播州に付会する説も出たであろうし、似た事件も諸所にあったかも知れない。歌舞伎の方で播州にこじつけたのがきっかけで播州説が培《つちか》われたかも知れぬ。歌舞伎でお菊を殺す主人は浅山鉄山というのが多い。これは国崩しの悪人で、お菊はその悪事を探りに入ったスパイ。悪人どもは自分の方で皿を一枚隠して置き、お菊に罪を着せたりして責める。そういえば、よく無実の罪で責められる屋敷女、召使い女の説話がある。奥方の嫉妬や、朋輩のそねみから、仕組んだ冤罪に陥れられたりする類である。このお菊の受難も、事実は自分の粗忽で割った皿であったろうが、伝説的には、無実の罪に泣く女の話のにおいがある。舞台のお菊はスパイ容疑と色気と半々で逆《さか》さ吊《つ》りにされたりして責められたすえ、井戸の中へ斬り落される。それから幽霊になって、いきなり上空から逆さに降りて来て鉄山のさした傘の上にとりつく。とにかく空中へ逆さにぶら下がる軽業がこのお菊女史の特技であるが、舞台を離れると声だけの幽霊になってしまう。講談では大泥棒の高坂《こうさか》甚内の娘で、命が助かった代りに青山邸に一生奉公という気の毒な身の上で、夫の三平が仇を討つのに、人気者の豪傑、久米の平内さまが助太刀してくれる。

絵本の皿やしきの「責め」
指を切っている

草双紙も読本も出ていることもちろんだが、変わりばえのするほどの構想はない。

なお江戸の随筆には、お菊虫という虫についての記述がしばしばみあたる。画を見ると蓑虫を裸にしたようなのが糸一本で木の枝からぶら下がっているだけだ。その形が、女が後手に縛られて吊り下げられている姿に似ているというので、世人がすぐ「お菊虫」と名づけたという。皿屋敷伝説がいかに普及し、かつ人気があったかが思い知られる。

その他の女性群

その他、挙げていてはかぎりがないから、一、二について興味のある点を簡単に語る。有名度においては、「仙台高尾」の情人島田重三郎が反魂香という香を焚くと高尾の幽霊が現れる話がよく知られている。本物の高尾は伝説と違い、無事に仙台侯の妾となって栄華の生涯を送ったが、芝居では「高尾さんげ」などといって、踊りに出る幽霊、つまり、こわがらせる怪談狂言流行以前の、代表的な主人公である。

『小夜衣《さよぎぬ》草紙』は純情な吉原の遊女の怨霊である。誓い合った豪家の若旦那に裏切られたのを恨んで自殺する。縁切りの使いが気のきかない堅ぶつで、きっぱりしすぎて女を怒らせてしまうあたりは、機微をうがっている。婚礼に使う食器類がとび上がって倉の天井に吸いつく怪異は、近代心霊研究の物理現象を思わせる。また、よく諸方の寮などで今も伝えられる怪談で丑満刻《うしみつどき》に便所へ入って「今何時《なんじ》かな」と考えるといきなり「二時だよ」と声がするというのも、この話から出ている。

有名な新吉原百人斬の前提になる「お紺殺し」はよくできた話である。絹商人の大旦那に出世したもとは無頼漢の次良兵衛が、雪の戸田川原で、昔自分がすてて逃げた情婦のお紺が、梅毒で顔もくずれた女乞食になっているのに出会う。恨みをいわれた拍子で、国へ連れて帰ろうという。ここでお紺が、永年の胸のつかえがおりた気持だ、こんな姿ではお前の恥になるから、このまま別れよう、というのは憐れである。それを無理に連れて行こうといいながら、それではと、冷たい川水で手足を洗っているお紺の後姿を見ているうちに、じつは国の佐野には妻子もあり、連れて行っても困るし、置いて行って後で人に昔のことでもしゃべられては恥だと、あたりに人っ子一人通らない雪の中なので、ひょいと殺す気になる。その次良兵衛の心理の微妙な弱さも面白い。それから渡し場から舟に乗って、川上へ進んで行くのに、川下で殺して流したお紺の死体が船頭の棹に取りついて現れるのは卓抜した構想で、「や、こりゃこの間から川原に居ついていた女乞食だ。だれがこんなむごいことをしゃあがったか。これ、なんで俺の舟に取りつくだ。うらむなら殺した奴を恨め。」船頭のことばがいちいち次良兵衛の胸に響く。人間的な心理描写によさのある殺し場である。あとは宿屋での怪談となる。この女の祟《たた》りで、次良兵衛の息子の次良左衛門が、じゃんこ面《づら》になってしまうのである。

小夜衣は咽喉を切って倒れる時に柱に頭をぶつけて額が割れ片目がとび出る。お紺の鼻のかけた相好といい、いずれも累やお岩の扮装の影響が大きい。

男の幽霊

男の幽霊となると、見ためのいじらしさが薄い上に、生前からあるていどの強さを持ち、何か意欲的な仕事や闘いに敗れて死んだ場合が多いので、やむを得ざるものとして同情が薄くなる。義民佐倉宗五郎は千葉県の誇りだが、その事蹟についての根拠ははなはだ怪しく、おおかたは後年の創作が常識化し信じられてし

佐倉宗五郎　国芳画

まっているのだとは、学者や考証家の一致した意見だ。そのほとんど架空の事蹟が信じられ喝采され英雄を創り上げたところに、いつも生活苦におびえていた地方農民の心を認めねばならない。講談でもどちらかというと後半の怪談が面白く、歌舞伎でも本当に演じれば大詰の御殿の場で随分しつこい化け方をして殿様をいじめぬく。近年の演出と違って、幕末の名優小団次が初演のさいは、この幽霊が大当たりだったのである。怖《こわ》がったり痛快がったりして、お客は喜んだのだ。

その他、どうも男の幽霊には、堅い、がっちりしたのが多い。伊予宇和島の忠臣山家（やんべ。矢部、山部ともあて字する）清兵衛《せいべえ》が大坂城修築の幕命を受けた藩の工事監督として苦心しながら、相役でかねて不仲の桜田玄蕃の奸策で、費用のことで主君伊達秀宗の疑いを買い、上意討にあって、祟りをなし、山頼《やまより》和霊神社と祀られた事件は、旅先の宿で悪人に暗殺され、公金拐帯逃亡と疑われる話に変わって、人に知られている。江戸では芝居だけだが、中国・四国・九州では、最近まで子供にもよく語り伝えられた名であった。蚊帳《かや》の中で殺されたので、宇和島では夏も蚊帳を吊らない習慣があったという。菅公の雷もどきに、この幽霊は地震を起こして仇敵を潰している。偉い人の怨霊はスケールが大きい。舞台では蚊帳を使って忠僕胴助との二役早替りがあり、幽霊が御殿の場へ現れていろいろいたずらした上、殿様に奸臣の悪事を告げるのは、佐倉宗吾という手本がある。小芝居の盛んだった頃はよく見られたもので、なんとかの宇和島という題だったら必ずこれである。ついでに伊勢古市《ふるいち》の怪談正直清兵衛というのは、正直をみこまれて多勢の金を預かった清兵衛さんが殺されて、持ち逃げの汚名をきるのがほんらいの筋で、のちに幽霊が娘を助けて復讐の手引きをする。どうも薄汚い親爺のおばけで、やんべ清兵衛の世話（町人）化として思いついた話ではないかとも疑われる。

旅役者の木幡小平次となると、女性的な弱々しさが風情だけに、はじめて陰気な哀れさが身についた幽霊になる。講談では初代団十郎の弟子になっていて、化猫や切支丹さわぎと結びついたり、ごたごたした筋があるが、実際は怪談役者の元祖ともいうべき初代尾上松助の弟子で、平素から陰気な男だったという。女房のおちかとその情夫の多九郎に殺されるのが旅先で安積《あさか》の沼。ニュース的な怪談劇の題材になった大南北以来、これも芝居がもとで名が売れた幽霊の一人だ。小平次と女房を一人の役者が早替りで演じる習慣で、多九郎に殺されて舟から沼へ沈められる小平次と、舟の板子の下に隠れている女房。蚊帳へ入って寝る女房と、蚊帳の外の行灯から現れる小平次の幽霊。まことに無人《ぶにん》芝居には都合がよい。蚊帳へ入って、女房を噛み殺した血だらけの口で、首を下げて出て来て、ゲタゲタと笑う。

破戒坊主の悲劇は、禁欲生活の破綻だけに、本能の根強さ、執念の深さをよけいに感じさせて、すさまじい。桜姫に惚れた清玄の幽霊は、清水寺の名僧だから、なおそら恐ろしく、いたいたしい。これには岩倉宗玄という類似品がある。特許侵害の口である。

以上、九牛の一毛。

牡丹灯記

徳川時代に入ってから、中国明朝《みん》の小説の影響が著しく、怪談の方も上田秋成の名作『雨月物語《うげつものがたり》』（安永五年（一七七六）をはじめとして、ごたぶんにもれなかった。

その手の中国説話の中で、なぜか作者たちにむやみに喜ばれ用いられた一話がある。注目すべき現象として、書きもらすわけにいかない。『剪灯新話《せんとうしんわ》』という書の中の、例の「牡丹灯記《ぼたんとうき》」だ。明治になって、三遊亭円朝の人情話『怪異談牡丹灯籠《かいいだんぼたんどうろう》』という傑作が出て、彼の話術とともに評判をとり、和製牡丹灯記の定本のようになってしまったが、じつは二百年来、用いられ続けて、江戸時代のいろいろな怪談や舞台を創るのに役立ってきたのである。雨月物語とならんで読本（『南総里見八犬伝』のような伝奇小説・歴史小説本）のもとをひらいた『御伽婢子《おとぎぼうこ》』『狗張子《いぬはりこ》』の釈了意《りょうい》（浅井了意）も、一再ならずこの構想を採っている。

牡丹灯記のプロットは常識であるから今さら述べないが、これにはいくつかの重点があって、それぞれに分散して応用されている。

1　牡丹の灯籠を提げた二人の女の姿。円朝の「お露、お米」である。その他、灯籠だけを採っている作もある。歌舞伎にも頻々。

2　女の亡霊と契りを結んで、死にいたるという主題。了意の好んだのはこれで、再三、同じ趣向のヴァリエイションを創っている。

3　宗教的な、またはまじないの護符を家の外に貼って、幽霊の訪問を防こうとするが、失敗に終ること。『雨月物語』中の「吉備津の釜」。山東京伝は『木幡小平次　死霊物語』の怪談の終局に利用している。結局、原話の終りの部分に書かれた中華独得の冥府における裁判の様子や、その結果についての詳しい記述だけは、徳川期の日本の作家たちには興味がなかったらしかった。

さらにもう一話を挙げるなら、わが国でも映画化されて、「白蛇伝」などという名で知られている、蛇が人間の青年に恋着する話。原話は明代の『警世通言《けいせいつうげん》』や清代に入っての『西湖佳話《せいこかわ》』中にある。いうまでもなく『雨月物語』中の傑作「蛇性の婬」である。講談の「四谷怪談」でも（円玉ダネによると）、蛇性の婬のまねをして、名僧が一時はお岩の怨霊を竹筒の中に封じこんでしまう。伊右衛門と喧嘩した悪友が、せっかく地に埋めたその竹筒を叩き割るので、幽霊はまた暴れ出すのである。実録本にある型である。

足と柳

談義進行の都合から、幽霊一般の形態論の方が、個々の有名事例を語ることよりも後になった。髪を散らし、無地の白衣《びゃくえ》（灰色も）に帯があったりなかったり、腰から下はぼかしになって足が消えている。現今まで常識になっている幽霊の標準型。あれはいったいどうして定まったものだろう。手は肘から先を斜め下に差し出し、両手を揃えて手首から下をだらりと下げて、手の甲をこちらに見せている。屋外で、格別の条件のない場合は、枝を垂れた柳がなびいているそばである。

「応挙」幽霊

足のない幽霊のはじまりが円山応挙の絵から出たという俗説はどうであろうか。徳川後半期の新写実画風のもとをひらいたような応挙が、いちばん物理的実在性のあやぶまれる幽霊画の基準を作ったといわれるのは面白いことであるが、それだけに、これを荒唐無稽のものとせず、実見者として実感を精細に表現するところに——誰でも見ているものでないだけに——意義が大きいといえるかも知れない。いま伝応挙と称する数多

応挙の描く幽霊

い幽霊画の中で、いちばん本物らしいと思われている作品を見ればなるほど即物的な平明さをものたりなく思わせぬ流麗な筆致で、応挙らしい美人画であり、下半身をしだいに消してそれが幽霊であることを証明しているけれども、豊頬艶麗、もし足があれば、そそっかしい者はそれが幽霊であることに気づかぬかも知れぬ。芝居でいえば文化年度以後の南北式のこわがらせる幽霊でなく、それ以前の、夢幻的に踊るために現れた美しい亡魂の同類であろう。かすかに面上に微笑さえ浮かべ、ただ遺族か知己の前に生前の姿をもう一度見せるために現れたごとくである。復讐の害意など持つことは、考えようによってはすでに物語的、作為的な表情である。そうした特殊目的を持たぬ場合、ただ生前の知己に会いたいという場合の方が、実際には多いはずであるし、近代の心霊研究の調査によっても、大部分の現象はそれである。応挙がもし幽霊を描いたとしたら、そこに真実性の主眼があったかも知れぬ。—おばけはなにもおどかしに出てくるのではない、生前の、平素の姿を、のちに残った人たちが幻に見るのだ、と。

鳥山石燕の「型」

というのは、白衣に柳の木、足がなくて宙に浮いている、という定型が、応挙と少なくとも同時代にはすでに完成されているからである。前代からの百鬼夜行系統の諸種の怪異のイメージを受けて、整理し、改訂し、さらに地方的なものを取り入れて、江戸時代としての当世風な見本にまとめ上げて、基準を完成したとみら

石燕の幽霊
手の形は「招」であることを、右手のポーズが示している。

れるのは、喜多川歌磨の師に当たる鳥山石燕《とりやませきえん》である。狩野派から出た浮世絵師であるこの人が『画図百鬼夜行』という怪異画典ともいうべき作品の中で幽霊として示しているのは柳の木と墓場とを配した白衣の女性の標準型である。彼はじつにこの画集において百四十種にのぼる人怪・妖怪・変化を記録し、後年さらに自己の創作と思われるものを入れて数十種を追加しているくらいであるから、幽霊の足に限って応挙のまねをしたとは思われないし、柳や白衣の着想も応挙によって与えられたとは思われない。伝応挙という幽霊画は数あって時々怪談会などで陳列される。中には標準型もあろうが、その巧拙や画風の違いには、応挙という絵かきは何人いたのかと、吹き出させられることが多い。石燕はまったく同時代の人であり、『画図百鬼夜行』は安永五年の完成で、つまり一七七〇年代の後半だが、この時、幽霊については石燕の描いた姿が常識として定型化していたのか、それともこのじぶんから（石燕独得の着想であったかは別として）常識化する途上にあったのか。式亭三馬の滑稽本『戯場訓蒙図彙《しばいきんもうずい》』では白衣姿の女の幽霊役の図をのせながら、幽霊は足がないものときまっているのに、この国（芝居国）の幽霊には足がある、という詞書がついている。この書は文化三年（一八〇六）の出版で、歌舞伎作者の鶴屋南北が文化元年の「天竺徳兵衛」を皮切りに怖い幽霊芝居をはじめてまもなくである。裾を長く引いて、先をすぼめて袋にし、足を見せないおばけ衣裳がくふうされていたとしても、おそらく夏芝居だけのことであるし、そうでなくても数の少ない当時の興行で、まだ観客席の常識とまではなっていなかったのだろう。しかし、世間の絵や幻想上のイメージはもう「足なし」に定まっていたことを現している。元禄期までは記述にも幽霊の足元をそう気にせず、書物のさし絵にも足はある。その後、しだいに足が不要、というより、足のないことが超人力を象徴する

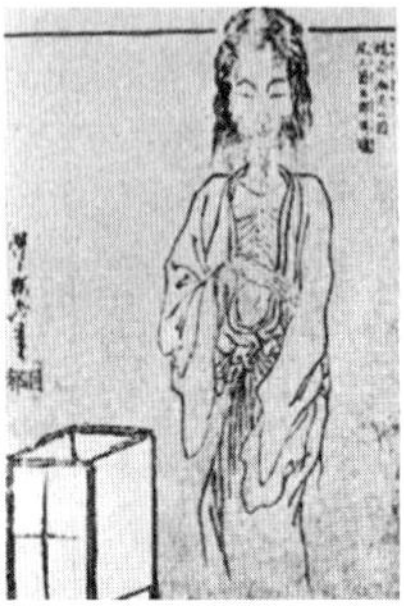

暁斎筆

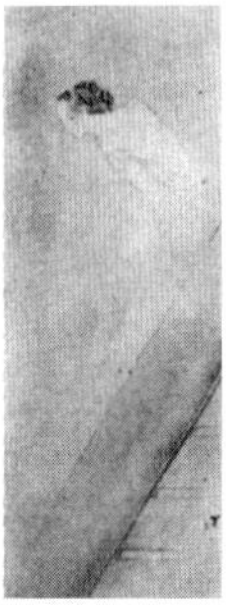

芳年筆
病人相のものの典型

谷文一筆

広重筆

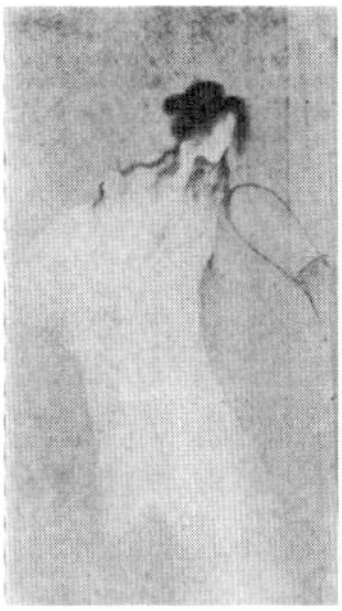

松本楓湖筆

伝細川清水作
長崎市伊良林光源寺所蔵のもので、享保二年の作と伝えられている。

画家の描いた幽霊のいろいろ

ようになってきたらしい。陰火を添えたり宙を飛ぶ姿にすることによって、生身の体でない幽霊であることを了解させているものもあった。日本の幽霊が脚を棄て去って、「歩かなくてももっと自由に動けるからいい」と誇るようになったのは、とにかく十八世紀である。十八世紀に生きた日本人の洗練された感受性がそれを決定したのである。

死霊の条件

外国には頭のとがった白い布をすっぽり着込んで顔もわからない「スプーキー」と愛称される幽霊の定型があって、わが国の白衣の定型と似ている感じがするが、あれはどうもあちらの古い寝巻からきた形に見える。日本のは、白衣はいうまでもなく経帷子《きょうかたびら》であって、死んで棺へ納まった葬式前の身装である。芝居の衣裳のようにねずみ色のものは、暗い中で見た感覚をあらわして描いたまでである。ただ、姿を惜しんで女の黒髪は剃らずにそのままにしてあるだけだ。身分にかかわらず、死霊であることを示す死人の姿なのである。江戸時代のそうした幽霊の軸などには、顔も頬骨高く痩せ衰えた重病人の相そのままで、格別の表情を見せていないものが多い。額に三角のきれをつけたままの者もある。要するに亡者の姿が目を開いて死の直前の風貌に戻って見えるだけであって、各自の生前元気だった時の俤《おもかげ》を幻として見せる応挙の幽霊画（もし彼の意図がそこにあったとすれば）とは発想が違う。歌舞伎役者の心得として「幽霊役は力《りき》んではいけない。朦朧と、目を怒らせず、とぼとぼと、半分眠ったつもりで歩けばよろしい。力を入れれば生き返ってしまう。死人なのだからそのつもりで」というものがある。なるほど虎でも狼でもない。生きた殺し屋の怖さとは違う。死者なのだ。一度死んだら二度とは死なない。物理の世界の力の限界を超越した以上、もう斬ることも突くこともできない。どんなに鈍く動いていようと、生きた人間からは手出しができない。あわててムキになる必要のない、鈍い動きの中に、絶対の自信があり、超人力がある。その恐ろしさは、まわりの道具立が雰囲気をつくり上げてくれる。大声でおどかす必要もない。重病人と同じ弱々しい衰えた声で呪いのことばを吐けばよろしい。舞台の、蛇山庵室のお岩などの場面に見る、水族館の淀んだ水槽の中を山椒魚の姿を求めてのぞきこむようなきみ悪さは、どうも映画では味わいにくいものである。特撮の能力を喜んで、クライマックスにおいて電光石火の出没ぶりを見せる幽霊は、魔法使いか、化け猫のごとく潑溂としていてぶちこわしである。それに依然として鬼女のように眼を怒らせて睨む役者が多いのも気になる。

『戯場訓蒙図彙』の幽霊

『戯場訓蒙図彙』の幽霊のせり上がりの仕掛

　足がないということは、物理的に歩む必要がないということだ。時間と空間の条件を超えて、自由にどこへでも移動し出現できることを表している。同時に、下半身がしだいに透き通って消えている形によって、肉体を離れた非物質的存在であること、出現することと同様に姿を消すことも自由であることを暗示している。この強さと自在さとが現世に残した執念を晴らす武器である。ままならぬ浮世、生によって与えられた苦しみに対する復讐を果たす力を死によって得たのだ（本章冒頭「空想の復讐」項参照）。外国の幽霊も絵画の上で、霊であることをあらわして足を消したものは見るけれども、日本の十八世紀におけるほどのはっきりした決定づけ、宇宙《ちゅうう》を移行して出没するためという感じはない。ハムレットの父王が大きな足でのそのそと現れる形など、われわれにはどうも冴えないものである。前述の、寝巻か法衣にくるまったような、烏賊《いか》の化けものめいたスプーキーが、頭を前にし水平になって飛ぶ態が漫画に描かれているのを見ることがあるが、アメリカ合衆国の戦闘機で「ファントム（幽霊）」という機種が飛んで行くニュースを見ると、いかにもスプーキーに似た形なので、なるほどと笑わせられる。あちらの幽霊は、機械化されてはじめて飛行能力を公認されたらしい。日本の幽霊がこれを重要条件として指定されたことはたしかに面白い。「体は透徹《すきとおる》ようにてうしろにあるものも幽《かすか》に見ゆ。腰より下はありともなしともおぼろげなり」とは例の越後名物「雪女」の姿を小説ではない実見談として叙している有名な『北越雪譜《ほくえつせっぷ》』（鈴木牧之、天保年間）中の記述であるが、実見のままというよりも、すでにまったく常識化されていた幽霊画の手法に合わせて文の方が創られているような印象を与える。

幽霊の周辺

手を前へ差し出して手先を下げた形は、気づかず通り過ぎる者や逃げ去ろうとする者を呼び返す、あるいはリモートコントロールの力で怨みある相手を「ともに奈落へ連れ行かん」とひきつけて捉えようと招く形であろう。ただ重病人の死相に合わせて、力なく弱々しくポーズをとっているだけである。
陰火《いんか》（人魂《ひとだま》）が付属品として、また幽霊出現のまえぶれとして燃えるのは、明らかに実在の陰火（鬼火）が、墓場とか、人の殺されたと伝えられる荒れた淋しい所、古池のほとりなどでよく目に入るところから、亡魂と結びつけて考えたものである。だから、まんざらの創作でない証拠に、西洋の幽霊についてもまったく同じ形、同じ効果で現れる。ただおたまじゃくしのように尾を引いて横に飛ぶのは、あちらでは見ないらしい。また、地中の腐木や屍体の骨などから出た燐だと説明しながら、空気中でひとりでに燃えるという条件と理由がはっきりせず、じつはいまだに学者が首をかしげているのは面白い。

怪異の現れる前に「なまぐさい風がさっと吹いて」くるのは、まともな人間の霊よりもむしろ妖怪めいたものの場合がほんらいで、その正体が変化《へんげ》の類であるという、つまり獣のにおいを暗示していると思ってよかろう。ただし腥《なまぐさ》いにもいろいろあって、軍歌「従軍看護婦の歌」に「吹き立つ風もなまぐさく」とあるとおり、血のにおいや屍臭を意味する場合もあるから、幽霊と縁がないわけでもない。事実、「腥風《せいふう》」という漢語は戦いの跡の惨状をあらわす語なのである。柳については、いまのところ、浅学な筆者の調べではどうも判然としない。これも一枚の絵がもとであるという説もあるが、それが認められて通念になるには、やはりなにかしかるべき理由があるはずだ。中華の風習で、惜別のしるしに柳の枝を折って地に刺すことはあるが、幽霊と結ぶのは、こじつけに過ぎよう。わずかに河童の原形と見るべきものの古い記述に柳の下にいることがあるのが、怪異と柳のかすかな関係であるが、近世にいたってにわかに幽霊と結びつける必然性を感じるのはおかしい。柳は中国古来の観念では陽の植物だから、陰の生命である幽霊にふさわしいのだという落語家説（？）も、植物の陰陽をどう決めるか知らぬが陽の植物とやらも柳だけではあるまい。眼底血管（柳の枝状に分布している）を薄明の中で瞬いたりする時に自分の視神経で見ることがある自観現象だ、という椿八郎さん（この作家の本業は眼科医）説も、幽霊だけに関係づけるのはちょっと都合が良すぎるようだ。

もちろん一般用レディメイドスタイルを嫌って、各自の個性と死の環境を表現することを主張して出現したものは多く、佐倉宗五郎夫妻は磔柱《はりつけ》を背負って現れ、根津右衛門や山部清兵衛は裃《かみしも》姿で諫言《かんげん》し、お菊は「一枚、二枚」と哀れな声で数える。

うぶめ

そうした、単なる亡者姿にあきたらず、特殊条件を身辺に背負って現れる者の中に、諸所に同種のものが現れていつか類型化し、どこが本家かわからぬまま、一般に知られているタイプがある。石燕はそういう種目を集成しているわけである。もっとも有名な種類として〝うぶめ〟がある。路傍で死産した、あるいは子を生んで死んだ女の幽霊で、下半身が血に染まった姿で、赤児を抱いて、本格的には流れ灌頂《かんじょう》から現れて通行人に子供を托そうとする。その子を抱いてやった者は命を落とすともいい、反対に、親切を示さないと祟《たた》られるともいい、しまつに悪い。孕《はら》み女が旅の途中で殺された場所、などという言い伝えが多い。夜泣石《よなきいし》と結びついた小夜《さよ》の中山のものなどがもっとも知られている。女性を虐げた、しかも親子の愛情を重んじた日本らしい型である。四谷怪談の大詰の蛇山庵室でお岩が石地蔵を赤ん坊と見せて伊右衛門をからかうのが、うぶめに擬した型で、話の筋の上からはなんの必要もない場面としてのにぎやかしである。再演の時以来ずっとであろうが伊右衛門が迎え火を焚く夏の場面になっていて、お岩の亡霊は「提灯抜け」で現れるけれども、初演のさいは忠臣蔵の討入に続くので雪降りの冬景色で、お岩は流れ灌頂から出て来たのである。

ちょうど昭和四十三年七月十一日付の東京新聞に牧村史陽氏が「赤みそ白みそ・幽霊からみた東京と大阪」と題して、塩からい赤出しなどを好む東京人と上方の白味噌をくらべて、性質のしつこいのは江戸の方、大阪の方がじつは淡白だと説かれ、それが証拠に「生き代り死に代り」恨むなどという幽霊は関東の者とし、遺族の者に自分の回向《えこう》をしてくれるようにと、通行人を呼びとめて言伝《ことづて》を頼む亡霊や、毎夜飴《あめ》を買いに来る女の幽霊のあとをつけて行ってみたら墓場に嬰児がいた、つまり棺の中で子を生んだ女の亡魂が飴で子を育てていた、という大阪市中央区高津《こうづ》の幽霊飴の例をあげて、こんな優しい幽霊は東京におるまい、と書いておられる。が、こうした説話は全国にある「型」の一つであって、「うぶめ」の発展ないしヴァリエイションである飴買い幽霊の話―現に小夜の中山でも麦を原料にした「子育て飴」を名物としている―などは、常陸石崎山の頭白《ずはく》上人の生《お》い立ちをはじめとして、関東でも何箇所か聞いたおぼえがあり（石崎山のは飴でなくて饅頭買いだが）、そのうち一つは東京だったと思うが、記憶がはっきりしない。いちばん有名なのは、飴屋へお礼に水の湧く所を教えたという長崎市麹屋町の「幽霊井戸」などであろうが、料理のコースの終りに凄くあまい汁粉をつける九州人を、淡白な性質だと牧村氏はいわれるのだろうか。味噌の味のからいとあまいなどは、人間的資質の執念深いとかあっさりしているのとは別問題で、むしろ新開地江戸の元気な野趣と、永年都会的に培われた京阪文化との感覚的な相違である。江戸ッ子にいわせれば、さめてはまずい江戸料理と、翌日あたため返してまたうまいことを誇りとするすっぽんの椀との違いが東西気質の差だった。それもあてにはならないが、とにかくいちばんしつこく激しい怨霊は大阪ではないが京都の菅原道真公だった。もっとも江戸人はいろいろな味噌の味を面白がった風があり、あながち岡崎の黒味噌のような、からさ一筋のものを喜んだわけでもなかった。ところが近年は通人の間で、味噌の味噌らしい味として岡崎八丁味噌が最上視されるのだからむずかしい。

頭の上に口だけあるおばけ

二口女
頭の後ろにも口がついている

ただ江戸ッ子から見れば、なんでもやたらに叩いたりまるめたりして、田舎者をおどかすような料理は、材料の活きた味を殺すもので、採るところでなかった。握りずしと押しずしの違いである。幽霊も雷などにならずに、生《なま》のままの姿がよいのである。

閑話休題。文化の熟するにしたがっておばけの姿も、料理同様「叩いたり丸めたり」で年々に凝《こ》っていったことはいうまでもない。さし絵の一つは貞享《じょうきょう》すなわち元禄期の『奇異雑談《ぞうだん》集』にある頭の上に口だけあって物を食べる人間、一つは『桃山人夜話』という天保すなわち幕末期の初めごろの書に描かれた「二口《ふたくち》女」。幽霊ではない生きた奇形のおばけであるが、一つの着想が素朴な形から時とともに複雑化した姿を見る一例である。くどくどいわず、これによって全貌を察することにしてこの項を打ち切る。

完成された妖怪たち

前項で述べたとおり、鳥山石燕は徳川十代家治《いえはる》の治世、安永の末年から天明年度にかけての十八世紀末に、わが国の怪物のいちおうの集成をしてみせ、その二百種におよぶ幽霊、妖怪、動植物などの変化のうち、地方的にかぎられたもの、職能的に季節や持場の限定されたものなどがしだいに淘汰され、全国的な常識としてはむしろごくわずかな種類が今日まで一般人の夢の中に残り働いている。

昭和四十三年五月、大映映画の「怪談百物語」という時代劇は「お化けがいっぺんにたくさん見られる」という子供の観客を集めて、お化けシーズンには早いにもかかわらずすこぶる好況であった。それは怪談映画としてもけっして上出来の作とはいえず、数多い妖怪も、ろくろっ首、大首（首だけの大きな化けもの）、おどろし、ほか二、三を除いては一つ一つが粒立った活躍をせず、悪人退治のクライマックスにパレードをなして押し寄せるだけで、個々の妖怪の意義も特技も発揮されぬのに、製作者の凝り方はもったいないほどのもので、石燕流にのっとった、「おんもらぎ」「ようすべ」「うしおに」「油すまし」「毛女郎」「泥田坊」など、鮮やかな扮装とカメラの頼もしさで、空想の怪物どもがそのまま活きて出現した趣があった。さし絵によって御覧願いたい。なにか特別賞でもやりたいほど、じつによくできている。

たいていの動物が伝説の上では化けていることも前に述べた。妖怪・変化ともに、その多くにわたって考証していてはかぎりがない。現在まで常識として、誰の頭にもすぐ浮かぶ代表選手の数種に集中して、その特色と有名説話につき、紙数の許す範囲で述べてみることにする。いわば、「妖怪連名」と「変化列伝」とでもいったらよいものである。

石燕の白粉婆

映画の白粉婆

石燕の
ぬっぺらぼう

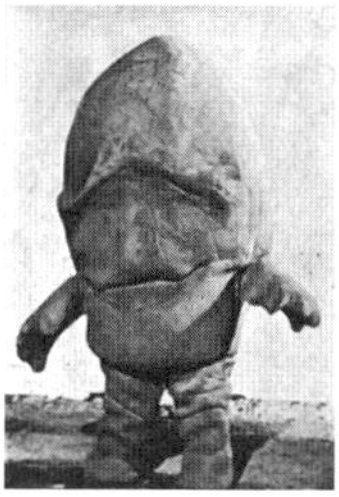
映画の
ぬっぺらぼう

おに

ひとくちに〝おに〟と呼ばれる者の血統については、第一章「亡者と鬼」の項と第二章「百鬼夜行」の項の中で主として述べたとおりである。日本の古代から固有の悪神の観念は、他民族同様に存在し、これに仏法を妨《さまた》げる悪魔、陰陽道が伝えてきた魔神が加わり、その陰陽道で悪魔の出入する方向を鬼門と呼ぶことなどもあって、鬼という漢字をあてるようになった。そこで酒呑童子のような山賊や、もっと個人的なものや、とにかく人間のにせ鬼が活動して、要するに鬼の本格的活動は王朝時代のものである。鬼という漢字はさらに古くは死霊一般をも指したものであるが、日本語でオニという発音のことばのもとはなんであろう。それがはっきりすれば日本の鬼の純粋な血統も判るわけであるが、『和名抄《わみょうしょう》』(十世紀)に〝穏(オン)〟の転化であるというのは果たしてどうか。漢字の音から出ているとすれば、やはり最初から外来の観念を含んだことばだということになる。イザナギノミコトが死の国から逃げ戻られる時(第一章「死者の容姿」の項参照)に追って来たシコ・シコメなどという者が、おにに相当するとは、どの書も認めていることだが、なぜそう断定できるのかは、どうも判らない。「鬼一口《ひとくち》にくらう」などというせりふが盛んにあったり、酒呑童子の伝説や古い浄瑠璃でも人の血を飲んだり肉をたべたりしているところを見ると、多分に野獣的な意味での恐ろしさを含み、純空想的なものよりも身近なまなましさを人々が感じていたらしい面もある。

それはとにかく、江戸時代が進んでは、地獄の獄卒の姿を応用した二本角に虎の皮の褌が常識となり、子供のお伽ばなしや、強い者、こわい者のたとえに用いられるほか、鬼それ自身がほんとうに街に現れて人に害をなすとは思って貰えないものになってしまった。

「福は内、鬼は外」の行事では春の神に追い払われる冬の地霊(第一章「ぬし」の項参照)から変わった一般の災厄の代理をつとめ、「鬼の念仏」「鬼の眼に涙」のことわざでは剛気と無情の譬《たと》えとされ、「鬼の霍乱」「鬼に金棒」では強剛さの象徴となっている。獄卒の鉄棒はただ罪人の尻を叩いて労役を促す鞭のようななまやさしいものではない。じつに亡者どもの体を叩き潰す道具なのだが、桃太郎には敵《かな》わないことになってしまった。

天狗

天狗の本体には、はっきり善悪の二重性格がある。それは〝山神〟というものの性格である。天狗は山の神であるといい、そこで山のぬしとして目につきやすい樹木（御神木など。第一章「ぬし」の項参照）の精霊であるともされている。

文字に見えるはじまりは、欽明天皇の時に大きな音をたてて彗星が走った（比較的近くへ落ちた隕石であろう）のを見て、時の学者であった僧旻《そうみん》が「天狗（あまつきつね、と読む）であろう」といったという日本書紀の記述がある。天狗が天を走る妖魔であるという説も江戸時代の学者には多く、それが中国の伝説の天魔を受けたものか、わが国に前からその観念があったものかも問題だが、どちらにしても、山神でないと主張する理由にはならない。古くから翼を持った姿に描かれており、空を飛ぶ能力を与えられている・その後鼻の高い赤面《あかつら》の大天狗は翼をはぶかれていることもあるが、部下の烏《からす》天狗や木ッ葉天狗ははっきり嘴《くちばし》を持った烏の顔をしている。飛行—烏—樹に巣くい樹上にとまる—山のぬし、という風に樹とも山とも結びつきやすいのである。そうして修験道が盛んになって以後（修行を積めば飛行も自在の通力を得るといい、宗祖役行者《えんのぎょうじゃ》がその能力を発揮したという。第二章「晴明と小角」項参照）、その山伏の服装で描かれる場合が多くなっている。

高尾山の守り札

あまつきつね、ということばからも、狐・お稲荷さん（インド系のダキニテン。茶吉尼天《だきにてん》、その他文字はいろいろに書く）が輸入される前から、日本独自で妖獣扱いしていたのか、そして天狗とも関係があるのか、という問題もあるが、深入りするとかぎりがない。武州高尾山の茶枳尼天の守札が狐に乗った不動尊の姿の烏天狗の像であることだけ記しておこう。

山神としての天狗が善玉か悪玉かということになると、山というものの特殊性から、はっきり二重性格になる。地の主《ぬし》、という建前からは、ほんらい悪霊のようである（たびたび説くとおり、第一章「ぬし」の項参照）、が山という土地は神のいます天に近い聖《きよ》い聖《とうと》いところであり、いわば人界につながる天である。これは諸民族に共通性があり、空海も最澄も日蓮も、山上を選んで寺をつくる。日本の古俗のたいせつな風習の一つは、春になると山から老人が里へ訪れて来る、という信仰をもとにしたものである。この山の住人は単なる地のぬしではなく、反対に、春の神の代理と考えられるものであり、祝福にくるのであり、恵みを与えに来るのである。これをかたどった行事は諸方に残っており、老人のついて来る杖が重大な象徴になっている。あるいは中国の道教の影響などを受けた〝仙人〟その他の観念と、あとで結びついているかも知れない。新春に去年のものととりかえる天神さまの〝うそがえ〟の〝うそ〟の鳥の形も、じつは山からの訪れ人の杖の頭の形が変わったものだとの説もある。

山神のそういう面から見ると、他の「ぬし」たちのように、悪性の地霊がいつのまにか守護神に変わったり、または恐れられたままで民に機嫌をとられたりするのと違った、最初からの善神的性格が天狗には備わっていたといえる。山伏と結びついた剛の者であるから、よく人間を引き裂いて怖がられたりするが、それは人間の方に、神域・霊地（山の上には、たいてい神社仏閣があり、天狗がガードマンをつとめている）を汚すような悪行があって、それを怒った場合が多い。

とはいえ、一面には、土地のぬしとしてのわがままや、中国伝説を享《う》けついだ天魔の性質も現しているので、しまつに悪いところがある。平家一門の策謀で無理に退位させられ、保元の乱を起して敗れ、四国讃岐の地に流されたまま恨みを呑んで亡くなられた崇徳院が、生きながら魔道に入って天狗になられたとの説は、そのありさまがまことらしいだけに、天狗の魔神としての役割がはっきりしている（第二章「晴明と小角」の項参照）。近年まで金毘羅様のお札に刷られていた凄い形相は、名前は他の者に仮托してあったが、じつは崇徳院の御姿を伝えたものだったという。また、『水戸黄門漫遊記』（『北条時頼記』の形をまねたまったくのつくりごとであるが）の講談の中で、日光男体山で「俺の縄張りに入るな」と黄門様を食いとめようとして問答する天狗の話なども土地のぬしとしての横暴と強情を示しているようで、どうも昔話の天狗には、敵役《かたきやく》めいた印象の方が強いようだ。

王朝時代にはすでに鬼と並んでもっとも多くその活動が伝えられている妖怪だが、江戸時代にいたるまで、鬼ほど過去の物とならずに活き続け、山に入る者に現実に恐れられていたところに特徴がある。牛若丸に剣術を教えた鞍馬山や、出羽の羽黒山をはじめ、全国の名山にはたいてい、巾をきかせた大天狗がそれぞれに住んでいて、何々坊という名を持っていたのは、修験道の山伏の影響であろう。大木を折る音がする「天狗倒し」や「天狗笑い」という樹上の多勢の声、「天狗つぶて」という石をどこからか降らせたり、山の幻覚は後代まで永く続き、今でも残っている。そのかわり、いかにも地方的で、江戸のような大都会では祭礼の時にお神輿《みこし》の先導役として出てくるだけである。

神話伝説の猿田彦であるとする説は、現代の辞書的学説ではほとんど問題にされず、みすてられているが、あの赤い顔をした大天狗の鼻の高い人相は、たしかに猿田彦のそれと見られる。天孫降臨の際、道に現れて遮《さえぎ》ろうとして、美しいアメノウズメノミコトを見て和《やわら》かくなり、喜んで道案内に早変わりしてしまう猿田彦の人相は、鼻の高いこわい顔なのである。神様がお山から町へ下りて来るお神輿の先に立って案内役をつとめるのに、いかにもふさわしいではないか。猿田彦を田の神だろうとする説もあるが、とにかく一度神様を自分の地に入れまいとして道をふさぎ、あとで味方になってガイド役をつとめるあたり、地霊の悪役から山神に変わっていく経過を象徴しているような気もして、天狗の先祖だという説をすなおに受け入れたくもなるのである。たいせつなことは、学者の考証は知らず、徳川時代の民衆の間では、猿田彦説が常識になっていたことである。神社によっては、天狗といっしょにおかめ（お多福。アメノウズメノミコトをかたどったといわれる）もお神輿につき添って歩く習慣もある。それがなによりもいちばん日本的で庶民に親しまれる説だったのである。

国籍不明の鬼では人間に憑くほどの本体が感じられなかったであろうが、天狗の憑霊現象（第一章「つきもの」の項参照）は多く、筆蹟などを残している。わけの判らない文字など、宗教の神秘化や、呪術の秘密記号などと関係がありそうだ。

なお「神かくし」といって人間が不意に行方不明になり、天狗のせいにさせることがあったが、これは「天狗倒し」「天狗つぶて」ていどのいたずらと違ってはなはだ悪質であり、天狗の妖魔的性質、または人柱や人身御供を要求する〝ぬし〟的本質を示したことになるが、たぶんは冤罪であろう。人さらいの贋天狗もあったろうし、現代では「蒸発」と呼んでいるような現象でさえあったであろう。

河童

河童（かっぱ）はもちろん水の精として創作されたものだ。河《かわ》太郎《たろう》ほか、地方によっていろいろな呼び名があり、はっきりと河のぬしであることを示しているような名も多い。これも中華の伝説からつながってお

高尾山の守り札

り、水虎《すいこ》、河伯《かはく》などと書くのはそれであるが、図によって見ると中国の古い伝説的博物誌の水虎というものなど、容姿が全然違っていて、わが河童族の特色を備えていない。「河伯」が訛って「カッパ」という発音になったのだろうという説が多い。名前とは別に、川に棲む水のぬし―沼の大蛇や海の竜神より狭いところにいるだけ小さいはずだ―の容姿が日本流に形成されていったのだ。

河童はそのイメージが徳川時代になって完成された怪物の随一で、いわば江戸の誇り(?)の一つなのだが、といって実物があるわけでないから、画家それぞれの好みと技術によって、細部にはいろいろな違いが見受けられるが、とにかくグロテスクで愛嬌のありすぎる形態だ。やはり水中動物の代表である亀と蛙を合体したものが基本になっていることは確かだが、ときに凄味を持った顔などの印象から見ると、蛇の血筋も多少入っているかと思われる。それから形態とは別に、実在の水中動物で動きに妖味があるだけに、案外に昔よく化けた獺《かわうそ》がその正体と見られていた向きもある（変化動物の説明中〝河獺《かわうそ》〟のくだり参照）。江戸の随筆には動物図鑑のように諸種の河童の図をならべたのさえあって、中には甲羅のないのもあるが、なにしろ架空の動物だからどうにでもなる。甲羅にしても、亀の甲羅とすっぽんの甲羅では突っ張り方が違う。

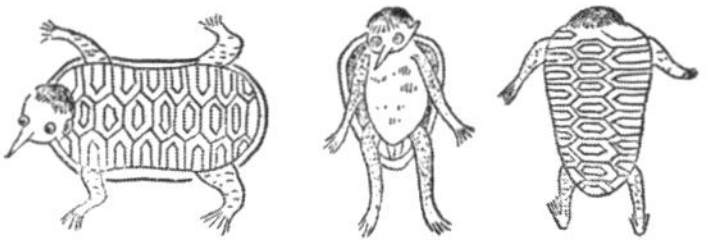

亀形の河童、典型的なもの

河童

水虎の図

愛嬌のある河童の例

草双紙『猿猴著聞』掲載の河童

体が割合小さくて三尺（九〇センチメートル）か、せいぜい四尺（一・二メートル）ぐらいと想像され、そこから少年めいた、いたずらっ児風のかわいげのある性格が付与されていて愛嬌がある。頭の毛の髪型も、当時の幼児のそれからの連想であろうが、頂辺の毛のないところを「皿」といい、そこが乾くと死ぬなどという条件は、なにから思いついたことか。まさか犬の鼻からでもあるまい。性格決定のもとになった体格の小ささが、獺より大きな四足動物を淡水の中に見ないことからきている、と思うがどうであろう。

もっとも、そのおもな所業はかわいいどころではなく、水中に人を引き入れて殺すのだから恐ろしい。泳いでいる人が、不意に心臓麻痺や脚の痙攣で水に沈むのが、水の中から引きこまれたように見える印象から出た説であろう。人の尻子玉《しりこだま》（そんなものはないけれども）を引き抜いて殺すという説は、水死人の尻がふくれて脱肛のような状態になっているところから考えられたらしいという。

国中が川だらけのわが国では、河童の伝説もいたる所にはびこっている。いちばん有名なのは河童の膏薬とそのゆらいである。水中で裸の人間を狙ったり、「尻子玉」を抜くといって尻へ手を入れたりする所業は、当然エロ味を感じさせる。これが河童の性質の一面で、柄の小さい奴だけによけい気味が悪い。便所へ潜って下から女性のお尻にいたずらをしようとして、気丈な女性（たいていは武家の妻女。町家では常に刃物を身につけていないから具合が悪い）にその手を

河童の相撲と白藤源太
国芳画

白藤源太と河童　豊国画

切り落され、あとで謝りに来て腕を返して貰い、その代りに切られた手をつなぐ傷薬の製法を教えて去る。それが家伝の膏薬のもとになった、というのがお定まりの筋である。筑後の梁川のものがもっとも知られているようだが、じつはこの話、この薬、いたるところにあった。どこが本家かは判りようがない。

河童の伝説は北陸にも盛んで、関東ではむろん利根川べりだが、いちばん多いのは九州である。傷薬の秘伝の話などからみても、落語に出てくるようながまの油などが思い合わされて、蛙との関係が判る気がする。

また、相撲に神事の面影が残っていることは前に述べたが（第一章「ぬし」の項参照）、裸で演ずるという形は、水に入ること、水神に捧げる行事であったことも示している。祭文《さいもん》に歌われた人気者の力士白藤源太に、利根川の河童が挑戦して、投げとばされたという話や、河童が相撲好きだという伝説は多い。河童の伝説の盛んな九州が、昔から相撲の本場で、相撲の司《つかさ》吉田家が重んじられていたこと、西郷隆盛がいつも若者たちに相撲をとらせて喜んでいたこと、など知らぬ人はない。

いずれにしても、助平な悪者のようでいて、腕を切られて謝りに来たり、相撲をとりたがったり、おっちょこちょいなかわいげのあるところが、この妖怪の徳である。また社会的な功績としては、時に人間の魚籠《びく》をいっぱいにして置いてくれたりしたこともある（そのかわり人の獲物を全部持って行ってしまうこともあるから相殺される）が、なにより、無茶な泳ぎや水遊びをするなと、子供たちを戒める材料になってくれたことが大きい。―当今ではもう通用しないことが悲しいけれども。

河童についての全国的な資料の蒐集や精細な研究は、自ら「河太郎」の筆名を名乗る畏友中島薫さん（彼も九州の出身）の仕事がやがて完成する時を楽しみにしている。

人魚

人魚も日本のものは中華の伝説の系統を享《う》けている。これこそ「人魚」という名にあてはめての認識以前に、和名のあったことを知らない。人魚を見たという記述は王朝以来散見するのだが、物語らしい筋になった伝説は少ない。これは河童と違って海の方であり、海洋の哺乳動物が岸に上がったのを誤認した場合が多かろうという。西洋系のマーメイドの伝説と、源が近東あたりで結びつくのかどうか、少なくとも証跡はないが、着想としては似ている。おおむね女性の姿ばかりであるので、女人国伝説などと関係があるかという疑いも起きるが、それもどうかだ。岸で子供を抱いて乳を与えているのを見た場合が多く、その故に女性説になったのであろう。事実、牝が子をひれの下に抱いた形で岸にいる場合がいちばん目につきやすく、遠見には人間めいているという。儒艮（じゅごん）というのがもっともよく人間の姿に似て見えるそうであるが、容姿すこぶる端麗であるように記したものが多いのは、やはり空想の産物である。

その肉が美味で、その上、食べた人は年をとらず、長生きするというほど栄養に富んでいると伝えるところは、やはりオットセイなど脂肪の多い海洋動物を思わせる。〝八百比丘尼《はっぴゃくびくに》伝説〟という不老不死、永遠の乙女の伝説があって、これも中国の西王母の桃などと同系のものであろうが、これがわが国で人魚の肉と結びついている。今所在のはっきりしているのは、若狭国小浜の長者、高橋権太夫という者の娘が、父が竜宮城から持ち帰った人魚の肉を一切れ食べたばかりに若い姿のままで八百歳も命を保ち、しまいには故郷の洞穴へ入定《にゅうじょう》したという話だが、少なくとも徳川時代よりも前に八百年たっている話だから、高橋権太夫という名などは新式すぎるようだ。小浜市青井の神明神社に、徳川時代に奉納された八百比丘尼の像がいくつも残っている。以前、境内に八百姫明神というのがあって、その他、遺跡と称するものが近所にいろいろある。

里見八犬伝の中で馬琴が人魚について説明しているが、やはり例の古書や漢籍の知識である。

海坊主

海上に現れて船をくつがえす大きな魔物で、姿のあまり具体的にはっきりしない妖怪の一つだが、海上の暴風の前に水平線に現れて来る真っ黒な、いわゆる入道雲であろうとは誰しも考えるところで、地方的には鳴門あたりがいちばん有名らしい。昔の船で、あの辺の渦巻に苦労しているところで暴風に来られてはたまらなかったろう。その正体が自ら示唆されている図柄が、昔の絵にもある。さし絵を見ていただきたい。

いっぽうまた、大きな鮫でもあるらしい説話もあって、そうなると、記紀の神話時代のもの言う動物の

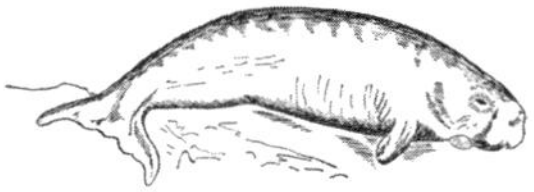

じゅごん

人魚『比丘尼絵巻』
不老長寿の人魚を食べるところ

人魚

海坊主二図

一つであるわにざめが、新しく妖怪の正体として生きてくることになる。事実、筏船で南米ペルーからタヒチまで太平洋を渡ったハイエルダール氏（一九四七年）の記録にある、長さ一五メートル以上もあるというクジラザメが夜中に目だけを光らせてぬっと頭をもたげている光景（乗員もなんだかわからず、ただ「怪物」と見ている）などを読むと、まさにそれらしい感じであるが、さて日本の近海にそんなものが出たかどうか。

講談で「妲妃のお百」という毒婦伝があるが、これが海坊主が乗り移った結果、悪業を働くことになっているのは、馬鹿馬鹿しいが思いきった奇抜な趣向である。大阪船場の回船問屋桑名屋徳蔵に退治されたのを恨んで、一家に祟《たた》り、なおたらずに徳蔵の倅、徳兵衛の情婦となって苦しめたり殺したりする。その上佐竹騒動というお家騒動にまで絡んでいく女だから、お百の行状としては海坊主なんかなくても済む筋なのだが、初めの方の海坊主活躍の場面など、なかなか凄いものである。正月松のうちは船を出さないという習慣を破って、出航したのを怒って、船の胴の間に寝ている徳蔵のところへ海坊主がおどかしに来る。黒い物がぬらぬらした手で頬を叩いて「これでも怖《こわ》くないか」、徳蔵が斬り払うとギャッといって飛び去る。それから徳蔵の留守宅へ按摩に化けて来て、徳蔵の内儀さんに鍼《はり》の治療をするといって殺して引窓から飛び出してにげる。刺された腹には大きな魚の骨が刺さっている。お百の徳兵衛殺しは、歌舞伎の方で「田甫《たんぼ》の太夫」といわれた四代源之助の当たり役の一つであった。

雷獣

ここに一つ、実在しないものでありながら半信半疑で動物扱いされていた「雷獣」という名がある。あとから実在の動物へ俗称としてあてはめたものはあっても、伝説どおり雷といっしょに落ちて来るという怪獣

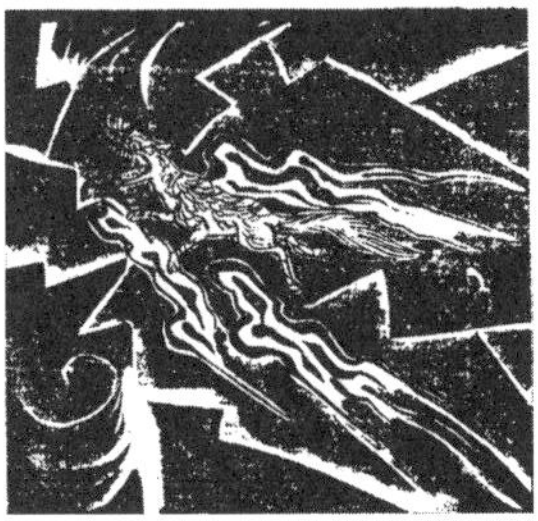

雷獣の図　「三世相」

相州大山の雷獣

は、むろん架空の産物だから、妖怪の中へ入れておかねばならない。

雷を鬼神とすることは、日本の天神信仰（第二章「たまよばい」の項参照）とは別に中国系の伝承を享けており、でんでん太鼓をつなげた輪を背負った虎褌の鬼の姿にまとめたのはわが国の改良（?）であろうが、ギリシャ神話の雷が鉄棒を打ち合わせて火を発するのと、やはり似た感じだ。ただむこうは電光を発して視覚を重んじ、こちらは聴覚を主にしている違いである。が、付属物として、部下のような獣がいっしょに駆け下りて来るという着想はなにか。

落雷した樹木の洞に住んでいた獣が死んでいたり、走り出したりするのを見ることや、近所に毛が落ちていたこともあろう。江戸時代の家庭科学全書の役をしていた（暦や占いまで入っている）『万暦大雑書三世相大全』略称「三世相《さんぜそう》」というのをみると、陰陽道系の考えで雷の理屈などじつにくどくどと説明してあるが、結局なんのことかさっぱり判らない。とにかく江戸時代までずっと陰陽道だけが科学だったのだからその影響は偉いものだ。筆者の所蔵本は明治十七年の版であるが、もちろん前代の復刻であろう。山岳の陽《よう》に近いところに怪獣がいて雲気《うんき》に乗じて空に上り雷といっしょに落ちて来て、また雲に包まれて昇る、とあり、狼のような獣の図が書いてある。だから落雷のあとに爪あとが残っているとあるのは、木の裂け目の形などから、なるほどとうなずかれる。

これを実在の動物として、江戸の見世物にはしばしば生きた「雷獣」がある。中には普通のいたちなどに細工した物もあったろうが、たとえば明和二年、相州大山に落雷の時捕えたというものを見ると、図がどこまで信用できるかわからぬが、素人目には「あなぐま」そっくりである（後の「いたち」の項参照。さし絵を比較されたし）。

晴天には温柔だが曇天の時は躁動して近づきがたいとあるのは、夜行性動物の特徴である。両国で入りのよかった見世物の一つである。

動物学の知識のなかった当時では、豹を虎の牝であるといったり、あざらしを何んだかわからず、オバケと呼んだりしているのである。

なお空想の動物としては竜《りゅう》などもあるが、これは鳳凰（ほうおう）や麒麟（きりん）と同じく純中国産の物で、その上ギリシャ神話系のドラゴンが多く悪魔的な怪物の役目なのと違い、神格のものなので、妖怪の仲間からは省かねばならない。

ももんがあ

ももんがあ、またももんじい、などと呼んだのは、後代では樹間を跳ぶ動物のむささびを指す名の一つになった。これもなんとなく恐れられた動物ではあるが、じつはまったくわけのわからない、形の想像できない怪物で人間を襲うものを想定して、最初は言い習わされた名であったらしい。

形がわからないということは、見えないということ、すなわちまたしても、夜の闇という条件に通ずるのである。が、鬼でもなさそうだ。想像上の定型もないのである。そこで、初期のばけものは「噛もう」といったのではないか、という説を読んだことがあるが、どなたの説であったか失念した。噛もう、の転化だとすれば、「鬼一口に食う」などということばと同様で、人間の最初の強い恐怖心は、先祖が相対した野獣、人間に噛みつくものに対するそれであって、その心中の痕跡が、ばけものを恐れる心の原始的なものにつながっているのではないか、そんな議論も出てくるのである。

ろくろっ首

人間の奇形の態をした化けものの中で、もっとも一般的に知られ、残ったものの一つである。「ろくろ」は「轆轤」である。傘のろくろを上げるにしたがって柄が長く上へ上へと見えてくる、あの感じからきた名である。

首がゴムの筒のように長く長く延びる、それも純粋な妖怪というのでなく、生きた人間で、夜中にそういう現象を起こす女がいるといわれるのだが、日本独得の着想で、傑作に近いかも知れない。遊女などの生活では首が長く、柔くなりがちで、夜中に枕の後ろの方まで垂れかけて見える寝姿を、相手の男が見た印象から出たのではないかという説を、これも誰の説か忘れたが、読んだことがある。かんじんのその遊女体質の生理的説明を忘れてしまったが、心あたりの通人がおいでなら御教示願いたい。そういえばあまり古い記述にみえない怪物だし、女性にかぎっているようだ。

のっぺらぼう

ぬっぺらぼう、ともいう。これには二種類あって、からだ全体がつきたての鏡餅かなにかのようにぶよぶよとした形で、首もなく、手足（やはり象の足のような）だけがついている。歩くのに見当がつけにくかろうが、図でよく見ると、下手な粘土細工のように目鼻のまねのごとき皺がある。もう一種ははっきり人間の姿で、顔だけが目も鼻も口もなく、うどん粉で固めたようなもの。これはラフカディオ・ハーンが『怪談』の中で、赤坂弁慶橋辺り（だったと思う）を背景に効果的に扱って、河獺の化けた働きとしている。東京のお堀を利用した変化《へんげ》の怪談として、ハーンには、貉《むじな》と獺の区別がなかったが、当然河獺とみるべきである。この人間形のっぺらぼうが、純粋な妖怪としてよりも、動物の変化として現れる場合が多いことも事実だ。そして、目鼻がない、ということは、ももんがあと同じく「見えない」恐怖に通ずる感覚があり、それと奇形のいやらしさとの混合した効果といってよい。

第一種については九三頁のさし絵と写真を見ていただきたい。

小僧と入道

一つ目小僧の多くは一休さんの少年時代のような納所《なっしょ》姿。三つ目の方はたいてい大入道で、どてら姿で鉄棒などを持っている。

どちらも人をおどす時に舌を出すことが多く、目は皿のようにまるい。これも両方とも狸の化けたのが多く、本物の妖怪である場合は少ないが、奇形人間的妖怪としてもっとも一般的に親しまれている型である。見越《みこし》入道はやたらに丈の高い大入道で、高い垣の向こうから顔を出してのぞきこんだりもするが、歩いている人の後から来て上半身を人の体の前へ乗り出して上からのぞきこむのが本業である。夜道で後から迫って来る人の影が自分の前に延びて地上にうつる時など、確かにいやな気のするもので、そこらから出た想像だろうか。

昆虫の顔を拡大鏡で詳しく調べたりする教育を受ける時代になってから育ったわれわれには、三つ目入道の顔が蝉の顔を思い出させたりする。

やっかいなのは一つ目小僧である。

「小豆洗い《あずき》」といって井戸端でざくざく桶の中の小豆を洗っていて、人が近づくとふいにふりむく、という仕業もあるが、たいていは座敷へ茶碗を捧げ持って出て、「お客さん、お茶あがれ」と人の前に坐って茶碗を置いてお辞儀をして、顔を上げて一つ目でにらむ、というのが彼の本格的なお行儀である。

化けものとしてただそれだけの話だが、民俗学的にやかましい先祖を持っている。柳田国男氏によると、神様が転んで草かなにかで片目を突いて、片目だけになってしまった、という由来が方々にあるらしい。神様の「お渡り」の跡がびっこの馬の足跡（三本足に見える）になっていたりする形が所々の神社にあって、神様がそのために馬から落ちて目を突いたらしいという。それが一つ目小僧の先祖とすればいわれを聞けばありがたいようなものだが、ちょいちょいある片目になった巨人（豪傑）伝説、たとえば鎌倉の鎌倉権五郎《ごんごろう》景政が片目を敵に射られてその矢を引き抜き、目を洗って奮戦したという言い伝えなど、隻眼神様伝説（そういう名称があるかどうかは知らないが）の系統だという。といってまさか独眼竜伊達政宗や柳生新蔭の十兵衛光厳、丹下左膳から日清戦争の山路将軍、次郎長の子分の森の石松まで、「お茶あがれ、べっかんこ」と血筋がつながっているわけでもあるまい。

ともあれ、実際に一つ目のきのどくな児が生まれたりすることもあるのだが、奇形の恐ろしさは、珍しさ、そうあるはずのない者が現実にあることへの嫌悪や、それが自分と違った感情を持っているであろうことに対する危惧である。人数が多いからあたりまえ、少ないからいけない、数というものは恐ろしいものである。

落語の「一眼国」では、見世物の材料にするために「一眼国」へ一眼人を一人さらって来ようと出かけた因果物師が、かえって向うに捕えられて、「こいつは眼が二つある、珍しい、見世物にしよう」といわれる。ジャック・ロンドンの名作『盲人の国』では盲人の国へ迷いこみ、そこの住人になりかけた目あきの男が、「良い奴だが妙な感覚を持っている。この眼のせいだ。」と目をつぶす手術をされそうになって逃げ出す。

一つ目小僧が自分で化けものがるのは、自然の出生でなく、二つ目の人間の心に生まれた意地悪さからである。

からかさの一本足

百鬼夜行絵巻はたくさんの什器、無生物に魂を入れ躍らせてくれたが、そういうもので江戸まで、したがって現今まで常識として残ったのは、まずこれ一つである。傘をつぼめた形に、柄のかわりに人間の足一本がにょっきりと、高足駄をはいてぴょんぴょんと跳ねまわる。一つ目と、赤い舌を出し、両横から左右の手を出して、片手に日の丸の扇を開いて踊り廻る。脚の上の方がどうなって、傘の内部へどうつながっているのか、この傘はけっして開かないから判らない。

いろんな静物のおばけがあった中で、なぜこんなの一つが残ったのだろう。あまりてぎわのいい意匠のしろものとは思えない。破戒坊主はからかさ一本で寺を追われるとか、雨に打たれて傘をかたげつつ墓場の中を抜けるきみのわるさとか、なんとなく寺や墓場に縁のある気はするが、このばけものその物はただ陽気にはねまわり、百鬼夜行絵巻のエスプリを再現している。もっとも、じっとしていればひっくり返ってしまうだろう。一本足で、おまけにはいている足駄も一本歯ときている。

「闇梅百物語《やみのうめひゃくものがたり》」という歌舞伎舞踊の中に出てくるが、楽々と安定感のあったのはさすがに二代目猿之助（猿翁）で、その後は蹴つまずいて転びそうなのばかりである。前述の大映映画「妖怪百物語」でも、これだけは糸あやつりで人形を動かしていた。

竜は日本でも竜神すなわち海神の伝説となって浦島を迎えたりいろいろ海の支配者の役目を果たしているが、湖沼のぬしである大蛇の観念などと混り合ってしまったものがあることは注意しなければならぬ。

きつね

この項の天狗のところで記したが、欽明天皇の世に彗星をあまつきつね、天の狐だと呼んでいるように、中国からの伝説が書によって伝えられる前から、わが国でも狐を妖獣あつかいしていたらしい。あるいは、はじめキツネという名がなにか別の妖怪か怪獣のことであって、のちに妖獣の代表である狐にあてはめられたのかも知れない。

やがて中国の知識が入ってきた。月夜に水藻を頭にかぶって人に化けるという言い伝えは、髑髏《どくろ》を頭にいただいて北斗を拝して人に化するという中国の伝説から転じたのだろうという。尾で石を打って火を発し、いわゆる狐火のもとにするというのは、九尾の狐に見るように（第二章「金毛九尾」の項参照）年をへた妖狐の尾が何本にも分かれるといったりして、なぜか狐にかぎって尾に魔力的シンボルがあるからだ。もっとも人間に尻尾はないから、狐にかぎらず狸でも猫でも、人に化けた獣の画には尾が出ていて、正体を示しているのが多い。尾は変化《へんげ》の目印なのである。

『今昔物語』、とくに巻二十七に狐の化ける話の多いことは第二章「金毛九尾」の項に述べた。その他同項では狐のことが主になったので、

月夜に水藻をかぶって
人に化ける狐

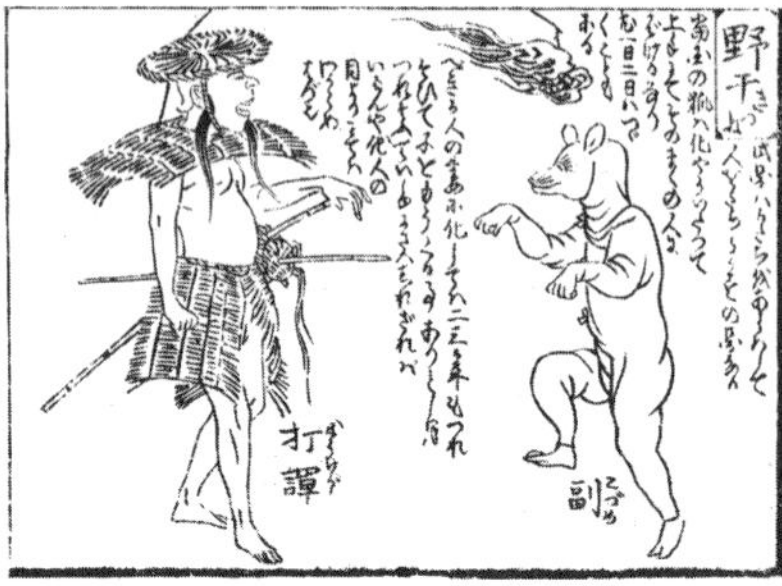

芝居の「狐に化かされ」『戯場訓蒙図彙』

ここでは重複を避けて話を選ばねばならぬが、今でも大人がちょいちょい知っていて、子供用の昔話には採れない説話が一つある。葛の葉狐（第二章「金毛九尾」の項）の原形をなす話で、やはり狐が女に化けて妻になって二年も暮らすが、犬に吠えられて驚いて正体を現してしまったので、泣く泣く野に帰る。男は憐れに思って、今まで連れ添った仲だから、遠慮なく時々は「来つつ寝よ」といったことから「きつね」という名ができた、という話である。この最後のひとことのために子供用のお伽話に用いられないのだが、むろん、名前の起りを語るつくり話としては、よいできではない。『竹取物語』の内容にみる、いかにもこじつけた諺の由来で判るとおり、日本人は昔からこういう語呂合わせのようなことが好きで、落語の「薬罐《やかん》」――「矢が当たってカーン」にいたるまで続いているのである。

狐は狸のようにばかげた怪物に化けて人を驚かすような無邪気な遊びが少なく、人間に化けて、よかれ悪しかれ人を欺《だま》すことを得意とする。とくに女性に化ける場合が多く、陰険で邪智が深いように見られている。すべてその風貌からの想像であろう。化けないでも狐を邪智の深い動物とすることは世界的認識であって、『イソップ物語』でも敵役であり、ヨーロッパ寓話のライネッケ狐（英国ではレナード）など、みなそうだ。

しかし、狐にも、他の動物の場合と同じく恩返し説話や純情美談があることは、信田妻系の物語に見るとおりだ。じつに葛の葉狐と玉藻前とは、狐に仮托した女性の純情献身と恣《し》意邪智との極端な象徴とみられ、好対照をなしている。

平安朝仏教の密教系が輸入したものにダキニテン信仰（天狗のくだり参照）があり、これが中世以後、どういうわけか、ほんらいは五穀の神である稲荷《いなり》と結びついた。そしてその神使が狐であり、妖獣は一面崇拝の対象ともなって、その魔術ともども頼もしがられることになった。この場合、もちろんお稲荷さんの狐と、ただの性わるの野狐とを、人間は区別したがるのである。インドにおけるダキニテン説話の原話というのは、いわば一つ家《や》の鬼婆と鬼子母神の由来との、あいのこのような、人食い女の話だそうである。野干《やかん》という名のあるとおり、昔は野に見る獣の代表的なものだった狐が、小動物を食った血で口のはたを染めた姿で草の間に敏捷《びんしょう》に隠見するのを見て、人食い女の化身という気がしたかも知れない。そんなところからダキニテンと結びつくと同時に、日本では野の主《ぬし》として、野の幸《さち》たる穀物を守る稲荷と結びつきやすかったのかもしれない。昭和十年代の初期に沖野岩三郎氏が『迷信』という著書で、日本の迷信のひとつひとつについてじつに有益かつ完全な解説をしておられた。怪しい記憶であるが、その中に、以上のような考察をされていたと思う。

狐火という火を暗中に燃やし、日照り雨の天気を狐の嫁入りといい、人を化かし（幻覚に陥《おと》しいれ）てひどいめに合わせる、などの条件は、室町時代から徳川初期までに、やさしい読物や絵本の中ですっかり固まって徳川文化の中へ送りこまれた。

みのがしてならないのは「狐つき」という憑霊現象である。魂が人間の体に入った形で、その態度でその心を話し伝える現象は、（第一章「つきもの」の項参照）他の動物にもあるが、全国的にむらなく盛んな点では狐がいちばんである。「いずな使い」といって狐を部下に使い、その魔力で怪しい術を使う（多分、催眠術めいたことで人の意志を奪い幻覚を起こさせることと、手品との混合であろう）者や、狐を人に憑《つ》かせておいて、知らぬ顔で、家人に頼まれて落し（憑いた霊を追い払う）、謝礼をとることを商売にしている者。つい近年まで、東京でさえ板橋辺に、そんな行者《ぎょうじゃ》が住んでいて管狐《くだきつね》という小さな狐や、おさき（お先手、すなわち部下の意味か、魔力を備えている証拠に尾が裂《さ》けている――前述――の意かであろう）狐というのを飼っていて、命令して放してやると目的の人物にとりつくといわれ、まじめに信じていた人が大勢いたくらい、根強かった。直接間接の暗示――そのためには狐など飼って人々に見せても置き、朝夕に祈りなどやってみせもしたろう――や、遠感（テレパシー、もしそういう作用があり得るなら）作用で、相手を一時的に妙な精神状態にしてしまう。そんな作為と関係ない者の場合は、自己催眠や狂気で、今までに周囲から注ぎこまれている潜在意識が出てくる。水戸黄門さまと問答して狐が落ちたなどという話は、要するに意志の強い人におどかされて夢からさめ、精神状態が普通に戻るのにすぎない。本当の狐は油揚《あぶらげ》ばかり欲しがるものではないが、憑いた狐が油揚を要求するのは、人間自身の貧弱な知識が出てきただけのことだ。つきもののことはあとの動物にもあるので、ここで一応の説明を済ませておく。

面白いのは狐が人の「気をとる」つまり心を知る、といわれた現象である。たとえば箱の中になにが入っているかを狐つきがあてるのは、透視能力があるのではなく、それを入れた当人がそこにいるから、その人の心をテレパシー能力で読むのだ、というのである。このあたりは、現代の心霊研究上の急所とかかわりのあることなので、興味がある。読者は注意して、後の章で思い出して頂きたい。

黄門漫遊記の中に、水戸黄門が狐つきと問答して、いい負かして狐を落してやろうとするが、相手はいちいちこちらの考えを悟って先回りしてあててしまう。そこで黄門さま「そんなにお前偉いなら、これがあてられるか」と豆を幾粒《いくつぶ》か握って、その数を聞く。狐は閉口して、人間の体から逃げ出す。黄門さま、自分でも数を見ずに、いい加減につかんだままその手をさし出した。自身知らないのだから狐も読みとることができなかった、というのだ。

また、徳川家康の本城である駿府《すんぷ》に、〝うは狐《わ》〟という有名なのがいて、人の手に握っている手拭いをさっと引き抜く。憑いた人と対坐して、取りに来た瞬間に捕えてやろうと神経を集中しているのだが、はっとした時は間に合わない。ここらも、霊媒の起こす奇現象を待ちくたびれて、トリックを見破れなくなってしまう近代の心霊会のようすに似ていて面白い。豪傑連中が皆狐に負けたが、大久保彦左衛門がやると、狐もこれをとれない。憑いた体に冷汗を流して降参した。彦左衛門は、武士たる者が狐の早業におよばないとは情ないと、取りに来た手をつかまえてやろうなどとは思わず、布を握った自分の拳ごと真っ二つに斬り捨てるつもりで構えていた。その気を察した狐は恐ろしくて、手が出せなかった、というのである。

さて、狐は化ける動物の中でもことさら悪がしこいようではあるが、そこは畜生の悲しさで、そうでない場合もある。徳川時代になって『新著聞集』という本にある話で、福岡の城下近く、岡崎村という所の、高橋弥左衛門という者が、城下へ用があって出かけて、戻りが早かった。妻がよく見ると、弥左衛門は右目がつぶれて隻眼なのだが、今は左眼がつぶれている。狐のやつ、正面から見たとおりに化けたので、左右が反対になってしまったのだ。男性に扮することは、やはり不得意なのであろうか。現代の推理小説には、フィルムを裏返しにして焼きつけた写真を見たために、右左を逆に考えた、などという趣向《しゅこう》がよくある。

信田妻や玉藻前のほかに有名な狐物語としては、都落ちする義経の味方になる吉野の源九郎狐という伝説があって、竹田出雲《たけだいずも》の名作『義経千本桜《よしつねせんぼんざくら》』の中に面白く脚色されている。いわゆる「狐忠信《きつねただのぶ》」である。全体がどこもかしこもよくできた戯曲で、出雲名儀の作品中随一の時代物だが、とくに狐忠信のくだりは「四《し》の切《きり》（五段構成の浄瑠璃の四段目の後半）」といえばこの作品のことと決っているほどである。忠信に化けた狐が半人半狐の身振りで鼓の皮に張られた亡き母への愛情を表したり、桜の咲いた御殿の舞台は仕掛たくさんで盛んに妖術で出没できるし、悪僧兵どもを化かして手玉にとってみせるし、まことに儲ける場面で、三代目猿之助のようなきりょうのよい役者が演ると理屈なしにいい気持だ。こういう芝居をやる時は大いに狐の魔力を発揮すべきで、上品がって仕掛やケレンをさぼるべからずである。

「小笠原狐」というのは小笠原騒動に狐をからませた筋である。小笠原家は分家がいろいろあって憶えきれないが、騒動は九州の方の、豊前小倉藩の小笠原家で、文化年間に起こった家中の勢力争いだが、狐はお家を守護する善玉で、悪人の手下を朦朧状態に陥しいれたりするが、この妖狐の絡《から》ませ方はあまりうまくない。この話はたぶん『小笠原流礼忠孝《おがさわらしょれいのおくのて》』という芝居で有名になったので、講談の方が後だと思う。太平洋戦争後、世も人も変わったが、この小笠原家の子孫にあたる品の良い婦人の御一家が今練馬の方とかに住んでおられ、問題の狐の毛皮だか尻尾とかが家宝（?）として保存されているそうである。常陸宮妃殿下の御親類にあたるという。懐古ブームだが、まだその家宝を写真に撮りに行った人があったとも聞かない。通し狂言を売りものの国立劇場など、ひとつ「小笠原狐」でも出して、拝借してロビーに飾ったらどうだろう。

浄瑠璃劇では『本朝二十四孝』の諏訪《すわ》法性《ほっしょう》の御兜《おんかぶと》というのがあって、諏訪権現の白狐《びゃっこ》がついているその兜の御利益《ごりやく》で、上杉謙信の娘の八重垣姫が凍った諏訪湖を素足で渡ったりするが、まあよかろう。

大岡政談に「豊川利生記《とよかわりしょうき》」というのがある。豊川は江戸赤坂の豊川稲荷で、家族の冤罪を晴らそうと日参する者の真心に感じて、老中や町奉行の夢枕に立つ。それから田舎の家の土蔵に監禁された娘の前に現れて恋人の危急を告げてくれる（娘がアリバイの鍵を握っている）。親切な稲荷である。ここまでは部下の狐でない大明神自身のお出ましだが、逃げ出した娘が真葛《まくず》ヶ原という所で悪者に強姦されそうになると、来合わせて助ける武士は宙を飛び回る白狐の姿に導かれてその場にいたるのである。すえはもちろんめでたしめでたしになるが、こうあらたかな御利益をみせられては、豊川さまを信心しないわけにはいくまい。

狸と狢

どの動物にも怪談はあるが、わが国で、狸がとくに狐とならんで重んぜられた理由はよく判らない。股間《こかん》のものが八畳敷に拡がる大物で、座ぶとんにしたり座敷にしたりする。腹鼓を打ってポコポンと音をたて、さらに進んで狸囃子《たぬきばやし》というオーケストラを聞かせるなど、みな日本での創作だろう。すべて明るく愉快な趣を身につけた変化動物にされているのも、なんとなく禅味があってとぼけた、男性的でしかも活発でない怠け者らしいのんびりさが感じられる徳だという。動物園で実物を、先入観なしに見ると、それほどとも思われないが、狐と比べればそうだろう。笠をかぶり貧乏どっくりを提《さ》げたお使い姿もよいが、風貌からの連想か、館林の茂林寺で文福茶釜《ぶんぶくちゃがま》となって小僧を驚かしたり（文〔分〕福はブクブクと湯の沸きたつ音からきた名であろう）、木更津の「ショ、ショ、ショウジョジ」の和尚と仲良しになったり、化けるにしても一つ目小僧、三つ目入道など、とかく僧形《そうぎょう》に扮したがったり、どうも寺や坊主と縁がある。狐が人に化けて徹底的に人を欺きたがるのに、狸がとかく奇妙な妖怪に化けて人を驚かして満足する場合が多いのも、無邪気でさっぱりした性格のあらわれである。唯一の陰惨な印象は、婆さんを食い殺す「カチカチ山」の狸だが、これもあとで兎に散々《さんざん》だまされて人の好さを発揮する。よく用いられる短い笑話に、百姓たちが車座《くるまざ》になって手なぐさみをしながら焼芋をたべていた。狸が見て、だ

大きんたまの化けっぷり

芝居の犬神『戯場訓蒙図彙』

れかが立ったらその者に化けて焼芋をたべてやろうと狙っていると、一人が小便かなにかで立って出て行った。しめた、とさっそくその代わりに入って行って芋を食べようとすると「この狸め」と一同になぐられた。どうしてわかったろうと考えてみたら、あまり喜んであわてたので、化けるのを忘れて狸のままで入って行ったのだった、という話など、いかにも憎めない特色を発揮している。

だがむろんいちがいには言えない。地方を代表する大ものの狸になると「狐と狸の化かし合い」でも、ひけをとらないのがいる。新左衛門狸という有名な親分に向かい、狐が化けくらべの挑戦をして「俺は七化けだが、お前は？」というと「俺は一度に多勢の大名行列を出して見せる」といった。そして姿を消したので狐はしばらく待っていると、本当に、人数を揃えた大名行列が来かかった。「これは参った、偉い偉い」と殿さまの乗物のところへ行ってほめると、家来共が寄って来て叩きのめされた。本物の大名行列が間もなく通ることを新左衛門は知っていてだましたのである。

これは四国の話であるが、四国は化け狸の本場で名だかい。伊予の名家で弘安の役の勇将河野《こうの》道有《みちあり》が、自分の妻に化けた神狐（またしても二人妻の説話形式であるが、この場合はただのいたずらである）の命を助けてやる代わりに、狐どもを全部四国地方からたち退かせた、という伝説があって、以来、四国は狸の縄張りになってしまった。なになに狸と名のついた有名なのが数多く、それをまつった小さな祠《ほこら》も多い。阿波の狸合戦といって金長《きんちょう》狸という親分などを中心に、さながら人間の世界そのままの、狸同士の勢力争いによる大喧嘩の話が伝えられている。狸の霊の憑依《つきもの》現象もやたらに起こり、一匹の狸を家の守護神のように祀っていて、何十年間にわたって、用があると家内の誰かに乗り移っては人間に交渉を持つ、そんな家もある。永年の言い伝えが潜在観念となって皆の心の奥にあり、また、憑依現象になりやすい体質も遺伝するのだろう。

伊予の松山「八百八狸《はっぴゃくやたぬき》」は有名な長物語である。松山城の松平隠岐守のお家騒動に、久万《くま》山の古い大伽藍《がらん》に納まって八百八家の眷属《けんぞく》を従えている隠神《いぬがみ》刑部狸というのが関係する。天智天皇の時以来住みつき、殿さまの先祖から刑部《ぎょうぶ》という位を貰い、家中《かちゅう》から信仰されている。土地とも人とも縁が深い。当然お家のために謀叛人をやっつけて忠臣を助けそうなものだが、この話に限って狸が必ずしも善玉《ぜんだま》でない。後藤小源太という怪剣士が登場する。飛弾の高山の浪人、右源太の妻が赤児を生んで死に、夫がまごついている間に飼犬の「野白《のじろ》」というのがこの嬰児に乳をやって育てる癖がついてしまい、犬の乳で育ったので夜目《よめ》が利《き》く人間に成長し、武術修行の結果、暗中で人知れずに人を斬る（文字どおり暗殺だ）神免烏羽玉《しんめんうばたま》の太刀という秘術をあみ出した。これが小源太で、四国へ旅して来て、お家くずしの悪人の統領奥平久兵衛に雇われ、久万山へ出かけて八百八狸と同盟を結ぶ。小源太は「野白」の霊がつき添っているし、犬の血を受けているから狸がどう身を隠していても平気で見透せる。狸の方でも伝説的に犬が苦手《にがて》だし、獣の血を受けた人間だというので親しみを感じるので、仲良くなる。ちょいちょいお城や城下へ出ていたずらしては、小源太が怪異をはらいのけるなれ合いで、小源太を出世させる。刑部狸はかねがね殿様に好意を持っていなかったのだ。ところへ小野次郎右衛門の高弟で免許皆伝の稲生《いのう》武太夫《ぶだゆう》という豪傑が、江戸屋敷の忠臣たちに頼まれて乗りこんで来る。これも狸の本陣へ行って談判するが、「今の馬鹿殿様は伝統をうとんじ、われわれの寺に供物も上げず祭りもせず掃除もさせず荒れ放題、あんなのは潰してやった方がいいのだ」というのが刑部狸のいいぶんで和議整わず。これから武太夫の孤軍奮闘となるが、殿様から拝領した菊一文字の銘刀に、死んだ忠臣山内与兵衛の霊がついているのと、九州の出身なので宇佐八幡から授かった「神杖《しんじょう》」という自然木の棒があり、これが魔物の正体を現しうち勝つ神力を備えている。結局、小源太も敗北、お家乗っ取りの陰謀家も滅亡、狸どもも追いつめられて八百八匹そろって久万山上の狭い洞穴に封じこめられ、その代わり年々の祀《まつ》りを受けることになる。神杖などは馬鹿らしさに輪をかけるようだがそういってはいけない。これが、天狗の説明のところで注意した春の老人の杖、それに九尾の狐の正体を現す薬王樹（第二章「金毛九尾」の項）のような神性樹木、そういった伝統の混合したものだ。地方によって種類は違うが、木の枝や草を軒へ飾る魔除けは今でも行なわれる。吸血鬼ドラキュラが、すいかずらやにんにくのにおいを嫌うのと同じ理屈である。後藤小源太にも犬の霊を呼び、魔性の者を見破る歌があって「人外《じんがい》の身の性来《しょうらい》を引くからは心に心、心して見よ」という。これも動物憑霊の研究や、まじないのことなど調べる人には参考になる。四国は前に書いたとおり、狐が追われて狸の本場になったと伝えるところだが（その代わり中国地方には狐のばけものや狐つきが多い）、ほかに犬神（いぬがみ）といって、狐（いずな）使いのように、犬を使って人を呪う呪術がある。ただしこれは、死霊を使うのだから凄い。犬を首だけ出して土に埋め、目の前へ御馳走を供える。犬は涎《よだれ》を流して食いたがるが口が届かぬ。馳走を新しいのに取り代え引き代え、何日も続ける。犬は痩せてすごい形相《ぎょうそう》になり、執念は燃えさかって餓死一歩手前、というところでその首を切り落し、魔神を祀った壇に供え、祈って、目的の人間のところへ祟《たた》らせる。これが犬神の法であり、犬神使いという行者の仕事だという。妖獣に関するまじないの文句もできそうな土地がらだ。

八百八狸の筋にはもう一つ、はっきり別な系統があって、狸は善玉のお為派《ためは》だが、小源太の犬の性《しょう》に太刀打ちできないで、武太夫に助けて貰うことになる。通例からいえばその方がすなおな構成だが、前に書いた

消えずの行灯

おいてけ堀

狸ばやし

片葉の芦

送りひょうし木

送りちょうちん

足洗い邸

七不思議という所名物のなかで、もっとも有名なのが、この江戸本所の七不思議であるが、ほかには深川、麻布、吉原、八丁堀などにもある。江戸末期に流行したのである。

江戸本所の七不思議　旭斎国輝筆

筋の方が人に知られ、刑部狸もただの守護神でなく土地の「ぬし」らしく古い悪性の面影を残しているところに特色がある。なお、刑部狸の苗字を「隠神」と書いて「いぬがみ」と読ませたところにこの話にも犬神の観念が多少混っているらしいことが認められる。

　全国いたるところに〝七《なな》不思議〟という、所名物《ところめいぶつ》がある。それについては後の項でも触れるが、江戸の街でいちばん有名だった「本所七不思議」を一つの物語にした講談が、狸の七化けでまとめた話になっているのは、小芝居や映画にも扱われて今でも知られている。七つの不思議それぞれの名目は、さし絵のごとくのもあり、中の二、三は違っているのもあって一定しないが、「消えずの行灯《あんどん》」だけは、物語を離れても狸の仕業と認められていたことは絵にあるとおりである。「狸ばやし」は柳橋あたりの三味太鼓が風の加減で、遠くまで聞こえたものであろうという。

本所割下水《わりげすい》に住む旗本小宮山《こみやま》左膳が亡妻の墓参に行った彼岸参りの帰りに、子供が狸を罠《わな》にかけて捕えたのに出合う。「こいつが『おいてけ堀』の主《ぬし》で、河童に化けて人の魚をとる奴だ」というのを、買いとって、これからはいたずらするなと狸を戒めて放してやる。

その狸が美しい女の姿になって型のごとく左膳の夢枕に立ち、災難がないように、近くにいる者に御用心を、という。そんな魔力があって子供たちの罠などにかかったのは、まあ油断だとしても、恩返しなら直接守ってくれればよさそうなものだが、「私は今妊娠中で、お産の紐を解くまでは働けません。くれぐれも御注意を」といって消える。こういう場合たいていこういういいわけがついているのも型である。左膳には妻の死後、玉という妾があって家に入れている。そのお玉が情夫としめし合わせて左膳を闇討にする。それから息子と娘も亡き者にして財産横領、家乗っとりにかかろうとする。あせってことを運んでは怪しまれるから、じわじわと策をめぐらして子供たちを消そうとするのだが、お産が済んだと見えて例の狸が、七化けの怪異をつぎつぎに催して左膳の遺族の危難を救い、仇を討たせるところまで持っていく。

この話で、丑の刻参りの白衣の女を、浪人者が狙って強姦する場面を憶えている人がある。たしか小芝居で筆者が少年時代に見たものの序幕にも、それに類する場面があったと思うが、それはたぶん『七不思議《ななふしぎ》葛飾《かつしか》譚《ものがたり》』という草双紙の筋から採った場面であろう。ただしその草双紙、筆者未見である。講談のお玉に相当する女が左膳の家族を呪い殺すための所業、それを見た男が、脅迫して味方につき、情を交すところだと思う。また、五代古今亭志ん生が本所七不思議という題で人情話の発端のようなくだりを演じたが、あれは名題の誤りだろう。醜婦に恋人ができる話なので、あの女に相手ができるとは、七不思議の一つだ、などというところから、かってについた題ではないか。筋は講談の四谷怪談の発端、お岩の母のくだりとまったく類似したものである。

狸の話の兄弟分で、むじな（狢・貉）の話がある。たとえば佐渡に団三郎狢という悧巧《りこう》なむじなの話があるが、まったく化け狸の話と同じ印象を与えるし、売っている土産の姿も狸である。地方によって狸をむじなといったり、色の少し違うものをそう呼んだりしているらしいが、動物学的にも法律的にも、狸と狢はいっしょである。昭和の初め頃、狸を撃って法律違反に問われた猟師が、これはむじなだ、と頑張って、大審院（最高裁判所）まで行って無罪になった。色変わりの種類だったらしい。なお、あなぐま（後述）のことだという説もある。狸はあなぐまの穴を借りて入ることがあり「同じ穴のむじな」のたとえはそれだという。

ねこ

古代日本には猫がいなくて、王朝時代から輸入され「唐猫（からねこ）」と呼ばれて珍重されたので、それより前に「ねこま・ねこまた」と呼んだものがいたとしたら、別な動物の名だったのではないか。―今から三、四十年前までの研究書にはみなそう書いてあるが、現在では、その説は怪しいことになった。五、六千年前の貝塚から山猫の骨が出土し、千五百―二千年前の貝塚から飼猫の骨が出て、現在の東南アジア系の猫と同種であるという。で、日本が大陸と地続きだった時分から猫は来ていて、少なくとも洪積世以後は人間と親しんでいたに違いないという。無責任時代の文献だけを資料として万事を知ろうとしてもずいぶん大きな隙がありかねないという一例である。が、化けた話が中世以後になって始まっていることだけでも信用する

鍋島のネコ　芳年画

と、やはり、金華の猫が百年にして通力を得るという中国の説を享けて、日本でも通力を得たとみてよかろう。金花なになにという化け猫小説の題は江戸時代でもおなじみである。柔軟敏活な身のこなし、興奮した時のすさまじい表情、捉えた鼠をしばらくもてあそんでいる嗜虐性、目を放せば主人の魚でも咬えていく癖に、その瞬前まで「猫をかぶる」という諺のとおりに知らぬ顔を装っている狡猾さ、どうせ放っておいても日本独自に怪獣扱いされることは疑いなかった動物である。絞りのきく眼球の強みと触角がわりのひげの働きで、夜目《よめ》がきくと思われたのも魔物扱いされる一因になっている。

変化獣《へんげ》としての猫の特色を列記すると、

一、まず、狐以上に女性に化けることを主とすること。

二、人を食い殺す血みどろの惨行を好むこと。ついでに獲物をリモートコントロールでもてあそぶ能力があること。ときには一時的に死骸に魂を入れておどらすこともあり。

その惨虐趣味のさいたるものは四谷怪談の作者鶴屋南北の「岡崎の猫」で、『独道中五十三駅《ひとりたびごじゅうさんつぎ》』という脚本の中だ。岡崎の古寺に住んでいる猫だが、白髪の老女できらびやかな十二単衣を着た官女姿で、ジーキル・ハイド式にだんだんに顔が変わり、血みどろの人食い芝居を見せる。いろいろな筋の入り組んだ東下《あずまくだ》り劇で舞台装置がつぎつぎと東海道宿々の景色を見せていく中で、前後の筋とあまり関係なくここでは化け猫が活動するのだが、好評すぎてこの芝居の略称を背負って残ってしまった。どんな姿にしようかと作者が考えていたら、隣家の猫が官女姿の錦絵を咬えて入って来たのでそれを採った、というエピソードが伝えられている。この猫、つぎの小夜の中山の場面にまで出張して、夜泣石《よなきいし》が猫の顔になって火を吹き、二つに割れて中から化け猫が現れて宙乗りになる。猫退治の旅の武士は由井正雪である。今はこの作品は演じられず、黙阿弥がまったく別な五十三次の芝居を書いたが、猫はやっぱり岡崎にしてある。

三番目の特色は、一匹だけの活動でなく、連絡網のとれた蔭の集団（スパイ小説のごとく）をなしていて、夜の世界で諜報を交し、昼は人前をとぼけている、という面白さ。これは昔の作者たちの、じつに優れた想像力、猫の気味わるさを活かした創作力だと思う。猫のちょいと化けるところを見た人が、黙っていないとひどいぞ、とおどかされて恐ろしくなり、誰にもいわないでいたが、のちに、ぜんぜん別なところで、前の猫とは関係ない人に、ちょっと口をすべらすと、そこに居合わせた飼猫（もちろん前の猫とはぜんぜん別の）がぱっととび出して行ってしまい、それからその人に仇をする、という話。また、夜中に猫の宴会を垣間見《かいまみ》る話。親玉の大猫を中心に、皆、人間の姿で顔だけ猫で、歌ったり飲んだりしている。辻堂とか空家とかが多い。集まってくる猫どもがそれぞれ今日は私の飼われているところではこんなことがあったなどと報告している。いよいよスパイ団の趣である。合唱する歌の中に「どこどこの誰それにしらせるな」と犬の名が出る。聞いた人は、あとでその犬を探してきて、この猫団を全滅させる。初期の伝説的な犬の名で「しっぺい太郎」というのが有名だ。「丹波の国のしっぺい太郎にしらせるな」わたし達の年代に育った者で、この一言を憶《おぼ》え

草双紙の化猫の老婆
赤児を食ってるのが凄い

ていない人は少ないと思う。明治時代の講釈師初代桃川如燕は『百猫伝《ひゃくみょうでん》』と題して化け猫ばなしの集成をやったが、たいがいは右の二種の説話形式にあてはまるものである。有名な「鍋島の猫」にも猫宴《びょうえん》の場面はある。

その鍋島怪猫伝だが、またの名を「佐賀の夜桜」という。佐賀の鍋島家は昔、竜造寺家からていよく乗っとった身分と領地なので、さすがにその子孫を客分として養っていた。当代の竜造寺又七郎は盲目の青年なので剃髪しているが碁が上手で、当主松平丹後守重光の碁の相手に出る。盤面のいざこざから疳癖の殿様が又七郎を斬る。相手が相手だけに聞こえを憚《はばか》って工事中の壁に死骸を塗りこめ、家へは帰宅したはずだといってやる。壁面に血みどろの坊主の幽霊が出るようになる。竜造寺の母は事情を知り自殺する。飼猫がその血をなめて執念を継ぎ、大猫となり通力《つうりき》を得て飛び去る。殿様が邸の庭の夜桜を眺めて宴会の最中、咲き満ちた桜の梢から大猫が現れてとびかかる。武術指南役の小森半左衛門（または半太夫）に斬られて逃げ去る。題名佐賀の夜桜のゆえん。小森が血の滴りをしたって追って行くと自分の家の庭木戸へ続く。母親が額に怪我をして寝ているので、母を食い殺して化けていたのだと判る。またしても小森の槍先をかわして猫は消える。殿の愛妾お豊の方を殺してこれに化け、妲妃もどきの淫虐ぶりで家中に風波をたて、またお家騒動の陰謀に加わる。夜中に行灯の油をなめ、行灯の障子に猫の頭の影がうつるのも「猫もの」の約束。最後は山中へ追いつめられて高木三平、伊藤惣太という勇士に退治される。ごく骨組だけ記せば右のとおりだ。嘉永六年に『花埜《はなの》嵯《さ》峨《が》猫魔《ねこまた》稿《ぞうし》』という歌舞伎ができたが、鍋島家の武士が憤慨して芝居へ斬り込みをかけるという噂がたち、上演中止となったのが有名。その後は幕末以来ちょいちょい芝居になり、おもに小芝居の出しものになっていた。講談の方が盛んに演じられた。

「有馬の猫」は猫騒動の原因に寛政力士伝と加賀見山の筋を持ちこんだものだが、『実事譚』という書物には、有馬家の家臣が、軒にいる妙な動物（鼬《いたち》かなにかだったらしい）を鉄砲で撃ち殺したという事件があっただけで、あとは根も葉もないことだと説明してあったと思う。この小事件は瓦版《かわらばん》で当時に喧伝されたらしいが、小野秀雄氏はその労作の編著『かわら版物語』の中で、この事件すら嘘っぱちニュースに属するとして、採用しておられない。とにかく化け猫の物語は、有馬の殿様、中務太夫頼貴《なかつかさだゆうよりたか》が相撲好きで、多勢の力士を「お抱え（用心棒の嘱託のような意味）」として出入りを許し手当を与えていたが、皆つぎつぎと強豪雷電《らいでん》為右衛門に負けてしまい、最後に大関小野川喜三郎まで敗北を喫したのですっかり機嫌を悪くしてしまうという、有名な遺恨相撲が前提になっている。だいたい、藩の財政が苦しい折から、これを機会にお抱え角力を減らしてお勝手元を引き緊めたい、そのように殿へよしなに、と重役から奥方へ、奥方から殿の愛妾お滝の方《かた》へ内意が伝えられる。お滝の方は身分卑しい町家の出だが奥方の腰元から出世した篤実な女で、奥方にも信頼され、殿の寵愛も厚い。お滝の進言が役だって小野川以下二、三人を残してあとの力士はお抱えを解かれる。扶持《ふち》離れになった中の不動山《さん》という力士を情夫にしていた局柵《つぼねしがらみ》はお滝の方を恨み、かねての嫉《ねた》みも手伝って仲間を語らい、意地悪と侮辱をくり返してお滝の落度《おちど》を誘う。お滝が自害する。お滝に仕える女中のお仲が仇討を志す、とそっくり「加賀見山」だが、飼猫の玉《たま》がお滝の方の血をなめて魔力を得、五尺あまりの大猫となって姿を消すのは鍋島そっくり。お仲の体に乗り移った猫が怪異をひき起こし、当の敵の女どもを滅したのちまでもいたずらをやめず家中《かちゅう》全体に祟《たた》ろうとする。殿の不興をとりかえす機会はこの時と、小野川喜三郎は夜中パトロールを怠らない。麻布の有馬家の下《しも》屋敷の火の見は江戸名物に数えられた高櫓《やぐら》だった。その上で正体を現した大猫を、大関小野川が丸太をふるって退治する。これを脚色した黙阿弥の明治十三年の作『有松染相撲浴衣《ありまつぞめすもうゆかた》』はまったく講談のままの仕組で、今でも時々舞台にかかる。加賀見山という手本が

瓦版「猫に小判」

あるだけ演じ易《やす》そうだ。昭和初年に映画で売った鈴木澄子が、十年代に一座を組織して、この猫芝居を自分流にまとめて全国を持ち歩いていた。高座では「壺坂」のレコードで知られた盲目の浪花節の浪花亭綾太郎が、本当はこんな話の方がよっぽど上手で、発端の、お滝の弟の蜆《しじみ》売りの少年が奥方に呼びこまれて身の上話をするくだり―それが縁でお滝が奉公に上がることになる―や、血をなめた猫が怪猫に変ずるあたり、鮮かなものだった。終りの櫓の猫退治など、どんな名優が演っても漫画じみて、上手な講釈師の口舌の効果には遠くおよばない。

「猫に小判」という諺は、価値のわからない者が良い物を手に入れても活用できない場合を指すが、その猫が小判を咬えて来て人間につくすという皮肉な筋の物語があって、これも鈴木澄子が帝キネ映画で演じたことがあった。このもとが瓦版の読み売りから出ている。本所緑町で魚屋の次郎吉という者が、お得意先の時田喜三郎方の猫に、病気で商売を休むからお前に魚をやれないよといい聞かせたら、猫がその晩小判一両、翌日は大判一枚、と咬えて魚屋を訪れて置いていった。文化十三年（一八一六）の話だ。前述の有馬の猫のもとになった話も嘘だとして採らなかった小野秀雄氏が、この話は採録しておられる。

鼬《いたち》・貂《てん》・貍《まみ》

鼬（いたち）は夜行動物の中でも昔は家鼠や残飯を狙って家の天井・屋根裏・床下などに潜んで暮らし、人間になんとなくなじみでありながら姿を見られる場合が少なく、夜半、暗い路地や軒下を走り抜ける片影《かたかげ》をちらりと見るだけ、といったところに忍術でも使っているような凄味を感じさせ、ときには人を噛み殺したり血を吸ったりすることもある怪獣のように思われていた。第二章「金毛九尾」の項で、いたずらに人の妻に化けた狐が、臭い屁をかがせて逃げ出した話を述べたが、動物には、強敵に襲われた時の用意に、実際そういう特技に長けたものがあり、そのさいたるものはスカンクだが、日本では「いたちの最後っ屁」といっていたちが代表とされている。

しかし、いたちはなんといっても、現実的に身近である。もっと珍しいだけ、よけいに想像上の能力を付加され、怪談の主人公となっているのは貂（てん）だ。本当はいたち科に属し、樹上にいて獲物を狙う、いたちの親類で、毛皮が婦人の虚栄を満足させていることは誰も知るとおりだが、昔話では、鼬が数百年の生命を保って魔力を得たものとなっているのが普通である。よくある天守閣の怪物退治なども、その正体が狐でなければこれが多い。『細川血だるま』の主人公大川友右衛門が、城の天守閣の怪物を退治して細川侯の信を得るのも、貂である。先般、都筑道夫さんから拝借した立川文庫で、塙《はなわ》団右衛門の息子の塙《はなわ》太郎という若者の漫遊記の中に、古寺の怪物退治で、天井の梁《はり》にいる貂をみつけて追いつめるあたりが、あんがい描写力があって面白かった。天守閣といい、天井の梁といい、とかく高い所で活動する話が多いのは、樹上の動物である貂の本性を、昔の人もそれとなく知っていたことから出たのであろうか。

麻布七不思議にまみあな（狸穴）御殿というのがあった。その他、まみ（狸・貒）という動物も、怪獣としてちょいちょい現れる。一つには音《おん》が魔魅に通ずるところからなお具合がよい。まみという動物は実在するし、狸に似ているので、伝説上は狸と犬の

あなぐま

タヌキの金玉　八畳敷　国芳画

あいのことということにされているが、動物学上では所謂あなぐまの別名であり、狸に似ていても、やはりいたち科である。昔話では、狸の魔力と犬の活動力や闘争性とを兼ね備えた魔獣として、とくに恐れられている。立川型講談のペットである。

おおかみ

昔の人が山中で、あるいは人里近い所でも出遭いやすい動物の中でもっとも兇暴なものは狼であったから、恐れられたのも無理はないし、顔つきも怖いばかりでなく、執念深そうに見える。化ける怪談の形式としては、山中、あるいは野中の一軒家で独り住まいの老婆に化けていて、旅人を泊めて食い殺すというのが多い。行き暮れて道に迷った旅人が思案に暮れていると、ぽつんと遠くに灯が見える。人家があるなと、行ってみると、あばら家に痩せた婆さんが一人、行灯のそばで糸繰り車を回していて—という具合である。一つ家の鬼婆と化け猫を合体させたような話だ。闇の中に遠くかすかなあかり、というのは、夜、出遭った獣の目の光りからの連想であろうか。

西洋でも「狼憑き」は別として、グリム童話の「赤頭巾」ではお婆さんに化けている。顔にそんな印象があるのだろう。

左頁上のさし絵の草双紙は老婆に化けている一例で、山中で狼に傷を負わせて撃退した浪人者が、訪れて行った先の家の老母に化けていたのが先の狼だった、という鍋島の猫と似た運びである。

獺・河獺

かわうそは上代から川の動物としてよく人の目にふれ、歌にも詠まれている。むささびやいたちに似た風貌で、水を泳ぐ速さ、水中で燕返しに身をひるがえす鮮かさ、妖獣扱いされたのは無理もない。ことに水中の四足獣が少ないだけに、水のぬしに擬せられやすい。

水中で人を害するよりも、水辺を通る人をおどしたり、いたずらしたりすることが多い。これはあんがい都会的な勢力も持った変化《へんげ》だった。数寄屋橋の下までつぶして有楽町にしてしまった今では無理だが、昔は城の周囲ばかりでなく、運輸のための堀割、川筋が多い。獺の踊り場のない都会はなかった。小泉八雲ののっぺらぼうのむじなが、かわうそであることは前に述べた。默阿弥の「加賀鳶《かがとび》」(『盲長家梅加賀鳶《めくらながやうめのかがとび》』明治十九年)で悪按摩の道玄がお茶の水で殺人強盗をしたのを見た加賀鳶の松蔵が、その時のことをのちに物語るせりふに、「(堀端でぴかりと光った刃物の光を遠目に見て)また河獺がおどかすかと、こわごわながら」近づいてみた、とあり、幕末頃の江戸でも、かわうそのいたずらが、まず常識のうちだったことが判る。とくに、若衆などに化けて女と交りたがる淫獣としての説話が多いのは、そのぬらくらと柔かく気味わるい身ごなしが軟派的印象を与えるからだろう。

河童の考察で触れたとおり、その生成に獺も原形の幾分かをになっているらしいこと、上に掲げたさし絵の姿などが暗示している。

山中で狼におそわれ、傷を負わせて撃退した浪人が、訪ねていった先の家に、またその狼が化けていたという、草双紙のさし絵。

かわうそ

蜘蛛

蜘蛛《くも》は古く呪いの邪法として中華から輸入された蠱道《こどう》（第一章「つきもの」の項参照）に蛇やさそりなどとともに用いられた悪虫で、その姿を現すことだけで凶事の兆として嫌われる俗信があり、箱へ入れて蓋をしておこうと、袋の口を閉じておこうと、蜘蛛だけは消えてしまう魔物なんだと、まじめにいう老人が近頃まであった。粘る網を張って他の虫をとらえて食うむごいありさまを見なれているので、まがまがしい印象を持たれるのは当然だが、熱帯産のひどい毒蜘蛛を除けば、蝿や蚊を減らしてくれる益虫である。

朝の蜘蛛は吉《きち》、夜蜘蛛は凶と、吉凶の占いにされる俗伝は今でも一般的で、魔力は認めても、悪いことばかりとかぎらない場合もあるわけだ。よく用いられる「わがせこが来《く》べき宵なりささがにの蜘蛛のふるまいかねてしるしも」の歌も、実感即興の作品ではなく、はじめから吉事の祈りとして形式的に作られた行事《ぎょうじ》用のものであろうという。

王朝時代まで、コロボックル人、その他穴居《けっきょ》もしくはそれに近い生活を営む先住民族がまだ諸所にいて、これを土ぐもと呼んだ。頼光四天王が退治したのも、そういう者を滅ぼした話が、名前だけ残って虫のくもに転じて伝えられたのかも知れないが、説話としては、蜘蛛の魔性の重んじられていたことを認めねばならぬ。化け蜘蛛の大物としてはもう一匹、長編の草双紙『白縫譚《しらぬいものがたり》』に出てくる小女郎蜘蛛がある。家を亡ぼした菊池家に仇をなす大伴若菜姫に同情して盛んに活躍する。

蜘蛛にももちろん善意の化け方がないわけでなく、他の動物と同じように、たとえば「鶴の恩返し」説話などと同じに、人の妻になって秘密に機《はた》を織り布を作って男に儲けさせる話がある。「オハチ八《はち》ハイ」などと呼ばれ、各地にある伝説である。鶴と同様、仕事場をのぞかれて正体を見られ、去って行くが、その時にお鉢に八杯も飯を平げては、糸を吐いて布にしていた、というのは、色消しな話だけにユーモアがある。それまで、夫やその母は、あれだけの布の材料になる絹糸はどこから来るのだろう、持ち込むようすもないが、と不思議がっているのである。自分の体より大きな蝶などを糸をかけて丸めてガリガリ食べてしまうありさまが、すこぶる大食という印象を与えるところから、こんな筋が思いつかれたのかもしれないが、信田妻の狐は、まさか油揚ばかり好んで食うようなヘマはしない。しかし、糸を吐くという条件は（伝説では、尻からではなく、口からということになっている）、布を織るという説話にはまことに具合がよく、鶴やその他の動物よりもふさわしい。

草双紙にみる小女郎ぐもと駕籠

なんといってもこの糸は蜘蛛の大きな特徴であり、武器である。能をはじめ、第二章「さむらいは強い」の項で触れた歌舞伎の土蜘蛛舞踊でも、頼光の館《やかた》で五《いつ》化け七《なな》化けの末、正体を見顕されて幕切れの立回りに糸を盛んにまき勇士たちを悩ます。こういうことになるとお上品な大歌舞伎より小芝居の方が盛んで、せまい舞台いっぱいに役者が見えなくなるほど播き散らす。昭和十年代の初め頃か、ちょっとの間、開盛座が復活したことがあって―記憶がはっきりしないが場所はやはり浅草の七軒町辺だったと思うが―「最後の小芝居役者」ともいうべき市川鶴之助が演ったのに、舞台の前面に針金を一本渡してあって、それへ一面に糸筋を播いてはかけ、ナイヤガラ瀑布のごとく、農家で干瓢《かんぴょう》を干したるがごとく、蜘蛛の糸の壁を作った幕切れの演出を見たことがあった。直接役者がまいたのではなく舞台ばなの天井から雨のように降らせて垂れ下がらせる幕切れは大芝居でも見られる。昭和の初めに田舎回りの劇団で見たのは、和妻《わづま》(日本手品)の奇術師が吹き流しを出す手際もとうていおよばないほど鮮やかなもので、糸の玉を手中にいくつ隠し持っているのか、ほとんど無尽蔵につぎつぎと繰り出されて来る、足の指先からも飛び出す、じつに電光石火で、客席いっぱいに雪が降ったような真っ白に埋めてしまう概《おもむき》があった。惜しいことに役者の名を忘れてしまったが、この糸まき以外の芸はさっぱりうまくなかった。加賀見山の尾上になって出て来ても、どこかで糸を出しそうな気がして私は見ていた。

歌舞伎の土蜘蛛の踊りには、ほかに「蜘蛛の拍子舞《ひょうしまい》」という古い型の一種があって、蜘蛛の化けている女がトントンとリズムをとって足踏みするのに合わせて、他の役々もいっしょにステップを踏む。見えない糸につながれて、操り人形のように操られている感じが出ていて面白い。ドイツの怪談作家H・H・エウェルスの作に『蜘蛛』というのがある。下宿している青年が窓のところに出ると、いつも向う側の家の、ちょうど真向いに当たる窓に顔を出している女がいて、毎日顔を見合わせているうちに、名も知らず口もきかぬまま、顔なじみの感じになる。やがて、偶然こちらのする動作を、鏡に写したように向こうが同時にするようになる。指先を窓枠に突けば向こうの女も突く。頬杖を突けば向こうも同じ形をする、といった具合で、はじめは冗談のようにやっていたのを、だんだん意地になって、なんとか向こうをまごつかせようと、いろいろな動作を素早く続けてみるが、いつも女は同時にまねる。それが楽しみになって毎日やっているうちに、青年は気がつく――こっちの動作を向こうがなぞっているのではなくて、いつの間にか、向こうが主動者で、その動きにつられてこっちが合わせていた。

そうせざるを得ないようになっていた、と。結局、女は蜘蛛のばけものなのだが、六世歌右衛門が復活して以来時々舞台に上った「拍子舞」を見ていると、筆者はいつも、エウェルスの蜘蛛を思い出したものだった。

錦蛇のような大きな蛇が日本にはいないことは、岩見重太郎の退治する狒々《ひひ》などという大猿同様である。が、山野の獣の中でいちばんかしこい猿が山神、山の荒神として（赤坂の山王様の猿はその手下どもだ）認められ、巨大な親分を想像されるのと等しく、水のぬしとして湖沼に大きな蛇が棲むことになるのも無理はない。やまたのおろちや三輪伝説のように、男性として女を求める場合が多いのは、頭部の形からの連想であろうか。小さい蛇の場合でも、女の私処に入りこんでなかなか抜き出せない話などが、王朝以来徳川時代までしきりに書き残されている。もっとも、中華伝説のいわゆる「白蛇伝」（明朝の小説集『警世通言』や清朝の『西湖佳話』の中にある）の系統を引いた『雨月物語』中の「蛇性の淫」のように女性として愛の執念を象徴した話もないではないが、どうもその方は大陸輸入のにおいがする。例の道成寺伝説（第二章参照）や、石童丸の父、加藤左衛門繁氏《しげうじ》が、平素は仲の良い妻と妾の髪の毛が寝ている間に蛇となって咬み合うのを見て、出家して苅萱道心《かるかやどうしん》となってしまう話は有名だ。

鶴屋南北スタイルの怪談狂言や、怪奇を好んだ草双紙類は、やたらに蛇が出てくる。「四谷怪談」の舞台にしても子年のお岩の幽霊に付随して鼠が出てくるのは当り前だが、ついでに蛇がちょいちょい現れる。要するに蛇は執念の象徴なのだ。

執念深いということは蛇の特質とされ、深い恐怖の的となる因をなしている。蠱道《こどう》（第一章「つきもの」の項参照）の切り札として目標の家に害をしに行く悪虫、とあれば当然であろう。したがって、「蛇のなま殺し」という諺のとおり、殺してもなかなか死なぬとか、頭をつぶさないと生き返って祟る、などといわれる。山中で出遭った蛇の首を鎌で切り落したら、家に光り物がとんで来て、釜の中に蛇の頭が入っていた。その飯をうっかり食えば毒死するところだった、などという形の説話が、江戸時代の諸地方に一般的だった。

鉄に弱いといわれ、長者の娘を求めた古池のぬしの大蛇が、うっかりその弱点を口外したので、人間の計略にかかって針に刺されて亡びてしまう話。また「田能久《たのきゅう》」という落語では山林を荒らす大蛇が、お神楽師を狸とまちがえて気を許し、煙草の脂《やに》が嫌いだと教えたばかりに、後で村人に告げられて、脂攻めにされる。たばこの脂に敵《かな》わないのは、山中で蛇に会ったら煙草の煙を吹きかけろ、といい、また狐についても同様の言い伝えがある。百姓が知っている道で迷ったり、田畑で急に霧が立ちこめて周囲が見えなくなったら、狐が化かしにかかったのだからあわてずに腰を下ろして煙草を吸え、そのうちに狐は退散する、という。また、俵（田原）藤太の退治する三上山の大百足《むかで》が弓矢もはね返す不死身でありながら、唾《つばき》を塗った矢に敵わず射抜かれてしまうなど、妖虫魔獣それぞれに独自の弱味があり、嫌忌する物がある。ひとつひとつについてそのゆえんをほじくれば、民俗学者の玩具は尽きなかろうと思う。

江戸の地を中心にしていえば、町家でも農家と同じく棲みついていてよく姿を見せた蛇は青大将だった。比較的大きいが、性質は穏和で、鶏卵をとるのは感心しないが鼠も呑むので、青大将の居る家には鼠が居なくなるといい、家の守護神めいた扱いで親しまれていた。それにもかかわらず、田舎で正月の家の祝福・悪魔払いの唱えごとに、「蛇もむかでも退《ど》うけ退《ど》け」などと謳われて、わざわいの筆頭であるかのごとくに名指《なざ》されるのが蛇の宿命だった。実際は毒蛇以外はそう人間に害をなす動物ではないのである。

守宮・井守

灰色の爬虫類である守宮（やもり）と、もう少し形がスマートで腹の赤い両生類の井守・蠑螈（いもり）

では家と水辺と、住むところも違い、やもりは家族への協調者として親しまれる善良性が多く、いもりの方はむしろ陰険な化け方で人間をだましたりする悪性を見せる場合がある。それでもなおこの二種類はよく伝説の上で混同される。いもりが池や沼ばかりでなく、家の井戸にもいるところから、ますます縁が近くなるのであろう。やもりは人の家の中に人間もどきに夫婦連れで天井や柱にいて、雌雄の愛情が濃いという。それでいて惚れ薬はいもりの黒焼であり、いもり酒である。

蒼ざめて衰えた男が夢に出てきてなにかを頼む態度をする。それが毎夜続くので占って貰った結果、調べてみると、羽目板に打った釘で胴中を刺し通されて動けなくなった雄のやもりがそのまま壁の中に生きており、雌が毎日餌を運んで食べさせ、命をつないでいた。そんな話が、やもりについていちばん常識的な説話だが、人が知らずに釘づけにしたのを怒って祟ったりせず、ただ窮境を知らせに出てくるところがかわいい。台湾へ行くと噂どおり壁にも天井にもやもりが吸いついて、人も気にせず、彼らも人の領分を冒さず、蚊や蝿を食べて生きている。見なれるとかわいいものである。

やもりもいもりも、他の動物、たとえば、鼠、亀、蛙、などより以上に化けているわけでない。ただその異様な形態からして、蠱道の呪術にも、マクベスの出会う三人の老婆の占《うらな》いにも、用いられたろう、と思われるだけである。

なまず

これは、いつもこまごまと化けて働くわけでない。ただ地震を起すといわれる特殊な伝説を持ったしろものである。

地震なまず　「三世相」

地中に大鯰がいて暴れ出すと大地震になるので、鹿島神宮の要石《かなめいし》でおさえてあることになっている。要石もこのところ緩《ゆる》みがちと見えて、近年また地震が多い。

地震鯰説の出所は諸説あるらしく、結局は判らない。「三世相」（本項雷獣のくだり参照）には地震の原因についての説は別に述べながら、やはり鯰と要石の画は忘れず、鯰の説の由ってくるところは、天は陽《よう》、地は陰《いん》で、地震は地底すなわち至陰《しいん》の揺ぎで起きるのだから、至陰の魚たる鯰のうごめきにたとえたのだろう、という意味が書いてある。なぜ鯰が至陰の魚かというと、雄は陽、雌は陰だが、鰻は雄ばかりで雌がなく、鯰は雌ばかりで雄がない魚で、鰻と鯰が交《まじ》わるのである、という珍博物学が述べてあり、だから鯰は魚中の至陰だという。鰻と鯰が交わった結果どっちの子供が生まれるのかは書いてない。その上、地震の原因の説明のところでは、地動説を真正面から否定している。前に述べたとおり、筆者の持っている三世相大全書は、ともかく明治版だ。別に古典の復刻という意味でなく、実用の常識事典として、開化新政府の下にこれが堂々と売られていたのだから愉快だ。

おばけは楽し

チョンマゲへの夢一つに錯覚を起こして、うっかり江戸人をお化け信者の迷妄扱いしてはいけない。徳川時代は現代の、つい昨日である。今日の科学は持たずとも、持てばすぐに理解し得る資質を持った人間が、あれほどに洗い上げた文化の中で、少なくとも経験的に考えてはいたのである。

怪力乱神を語らず、は儒学の戒めであった。儒者井沢蟠竜子《ばんりゅうし》の『広益俗説弁《こうえきぞくせつべん》』の中には井戸の底などへ入った人間が死ぬことがあって、魔物に殺されたなどというが、地中のガスのせいである、という考察があり、中西敬房『万物怪異弁断《ばんぶつかいいべんだん》』には、老樹の切りきずから血を流すなどというのは、樹脂樹液の類で不思議はないという説明がある。

幽魂に対する半信半疑での恐れぐらいならば、今日でもどれだけの違いがあろう。

ばけものの風化

「郷《ごう》とばけもの見たことがない」は稀観の名刀郷の義弘と並べて怪異の存在を否定した俗諺《ぞくげん》であり、「箱根から東に野暮《やぼ》と化《ば》けものはいない」は文化人としての江戸ッ子の誇りを表したことばだった。

怠け者のグループの遊戯的生活を描いた滑稽本（茶番小説などと現今ではいう）の一つ『滑稽和合人《こっけいわごうじん》』の中で、あとから来る者を怪談じかけでおどしてやろうと戸棚に隠れたいたずら者が、酔っているので寝入ってしまい、いびきをかく。あとから入って来た者が、いたずらの仕掛におびえた末に鼾《いびき》を聞いて逃げ出し、表で出合った仲間に話して、妖怪はうわばみに違いないという。大蛇はいびきをかくという言い伝えがあった。聞いた仲間がばかばかしいと笑い「そりゃあ昔ばなしにあることだ、いまどきそんなべらぼうなことがあるものか」。まずそこらが常識だったに違いない。

前述中、海坊主の説に桑名屋徳蔵のことを書いたが、これはよほど有名な船頭の名だったらしく、小説にも歌舞伎にも盛んに出てくるが、『雨窓閑話』という書にこんな話が出ている。海坊主は恐れなければ立ち去る、と言い伝える（水上で天候が変わった時、船のリーダーが落ちついていなければいけない、という心得に適合していて面白い）。ある時海坊主が徳蔵をおどしに現れたが、徳蔵が平然としているので、「俺がこわくないか」というと、徳蔵いわく「俺はいつも人間の『世渡り』という怪物と苦闘している。それに比べれば、お前なんか恐ろしくもなんともない」。海坊主は閉口して立ち去った、というのである。妖怪の権威も現実生活のきびしさには太刀打ちできない世になっていた。

黄表紙（諷刺漫画小説）『化物大閉口《ばけものだいのへいこう》』では、江戸の繁昌で夜の町は明るくなりすぎ、空家もふさがるばかりで、出どころに困った妖怪変化どもが黄表紙の作者に頼んでなんとか出直そうとすると、それではと人間生活の実態をのぞかせられる。女を待つ客の首は伸びて、ろくろ首のごとく、色男の得意の鼻は天狗より高く、姥桜《うばざくら》は白粉と振袖で二八の芸子《げいこ》に若返り、義眼、義歯、白髪染―これは江戸人の化けっぷりの方が俺たちよりずっと上手《うわて》だと、ばけものどもは悄然と箱根を越えてあてもなく西へ行く。「餓鬼」は子供の異名となり、恐るべき「山の神」はワイフを意味することになる。

怪異の市民権

こうして、怪異不信をいちおうの前提とした上で、固定文化の生活の限界に飽きて刺激を求める都会人の心は、信ぜざるが故に安心して怪異を夢の世界の娯楽と化していった。

寛政期以後幕末まで、怪異趣味全盛の主軸をなしたものは、合巻（こうかん。草双紙、臭草紙《くさ》ともいう）と歌舞伎の怪談狂言であった。両者は相競い、相助けて、新手《あらて》、新案、新構図をあみ出していった。その人気に乗じて、浮世絵画家も争って一枚絵の版画に腕を揮《ふる》った。北斎の思いきって技巧的な構図と、暁斎の肉筆の筆勢とは最右翼と認むべきものである。四谷怪談の戸板返しや大詰の提灯抜けには、歌川派の諸家が、上演のたびに力作を描いている。

合巻いわゆる草双紙は、毎頁絵画本位のやさしい伝奇小説で、化政期から幕末期へかけて普及し、江戸前期の怪異小説集や実談集の説話の系統は受けながらも、荒唐無稽の脚色で、筋はひたすら奇抜な画面を創り出すための趣向をこらし、庶民の人気をさらったところは、現今のいわゆる漫画と称するコマ絵物語に似ている。映画を持たない時代にこれに相当する役を果たしていたわけだ。一冊か三冊組みの薄い分冊で出て、売れ行きが良ければ筋を終らせずに何十冊でも続けて出していく。『児雷也豪傑譚』や『白縫譚《しらぬい》』は、そうした当り作である。幕末はともかく、初期合巻は豊国をはじめ一流画家がくふうをこらしているのでみごとな図が多い。感覚的な刺激が主眼であるから、切り札は怪奇、残忍、淫虐の三点に尽きる。多くをいわず、ここには妖怪づくし的な二枚を例として掲げる。

草双紙にみる児雷也の一部

おいわさん
北斎筆

　暑い夏芝居は入りがなく、資金の出し手がないのが悩みの種ときまっていた。立《たて》作者になって間もない鶴屋南北が、怪奇と残酷で精神的にゾッと寒気《さむけ》立たせたらと、器用な役者の初代尾上松助と相談して『天竺《てんじく》徳《とく》兵衛《べえ》韓噺《いこくばなし》』を書いて、蟇《がま》の妖術を使う怪賊と女の幽霊との早替りで、怖《こわ》い怪談狂言の皮切りをし、大当りをとったのは、文化元年（一八〇四）で、以後、文政の末年まで約三十年間、いわゆる江戸文化の爛熟期いっぱいを、毎年のようにこの手をくり返し、発展させて後に伝え、劇場にも映画館にも冷房装置の完備した昭和時代まで、夏場は怪談という習慣をつけてしまった。今論評はしないが彼には芸術家としての天才的な資質があり、怪談狂言の作者としても、彼の死後を継いだ作者の模倣に真の輝き

妖怪づくし（草双紙）

がないことは、西鶴と後の浮世草紙作者との違いにひとしい。しかし、形式的な技巧はますます発達し、幽霊と変化のケレンは、日本の歌舞伎の特技となった。お岩が仏壇の中へ背中からすっと引っ込むのは、中に水車のような形の車が仕掛けてあって、それに尻をのせてくるりと回るのである。また、襖の模様の中へ引っこんで消えた幽霊の裾が消えるや否や、同じ役者がもう花道から別な役で出て来る早業に、観客は驚くが、役者は体が蔭へ入ると同時に幽霊のかつらと衣裳を脱ぐと、下はつぎの役の扮装ができていて、すぐに裏をまわって向こう揚幕《あげまく》へ急ぐ。その間、弟子が脱けがらになった幽霊の衣裳をゆっくりと襖の裏へ引きとる。観衆は衣裳とともに襖の裏に役者がいるような気がしているから、裾が消えると同時に反対方向から現れる同一俳優の姿に驚く。山部《やんべ》清兵衛の亡霊などによく用いられる手である。文化十三年七月の中村座『褄重噂菊月《つまがさねかねてきくづき》』で白木屋お駒（この劇では貞女になっている）の亡霊が客席のまん中から出る、その時の評判記の記述を一例として挙げておこう。「土間の真中《まんなか》より出る恐ろしさ、セリ上げる幽霊物凄く背の高さ一丈（三メートル）余、黒髪の長さ五尺（一メートル半）ばかり、舞台へかかり物語りの姿を見ては、女中子供は怖《こわ》い怖いと見ること能わず、れんじ窓を破りて入《はい》る仕掛、スルスルと内へ入る。井戸より出て本土にかえると虚空へ昇る仕掛の大出来、古今の大入《おおいり》奇妙奇妙」。

浅草仲見世に店のあった泉目吉《いずみめきち》の飾人形は、芝居や茶番用の幽霊人形や怪物人形を、役者の似顔以上に得意として江戸名物の一つだった。生《いき》人形の見世物も盛んな時代、今もばけもの屋敷、スリラーショウ、などの名で残る怪異人形の小屋がけ見世物がはじまった。しかし、現今見せているような雑でちゃちなものでなかったことは確かだ。当時の見世物細工人には大衆娯楽提供者として腕を競う誇りがあった。天保九年閏《うるう》四月に両国回向院《えこういん》境内で興行された目吉作の「変死人形競」と、亜流ながら同境内で競演（?）した「百鬼夜行妖怪尽《づくし》」の、二軒の見世物を例にとって怪談趣味全盛時の景況を偲ぶ。目吉の変死人形の方は、土左衛門の浮く用水堀、獄門首、髪の毛で木の枝に下げた女の生首からは血が滴り、棺桶の亡者が蓋の割れ目から首を出すと月の光がさす仕掛、裸の男が木に縛りつけられて咽喉に短刀が刺されてあり、血まみれで無念そうに眼をむいた形、と、ただいたずらに賑やかにおどさず、一場一景それぞれに余韻を持った好き構図であったことが察せられる。これに対抗した妖怪づくしの小屋は、普通の見世物なら表へ紅提灯を並べて提げるところを代わりに白張《しらはり》提灯を吊り下げ、木戸を入ると線香の匂いとドロドロの太鼓の音、竹藪や雑木の間の小径を行く。隠坊小屋や早桶、不気味なものが取り散らしてあるあたりで空中から男女の幽霊が逆さまに、その早桶を指さしている。獄門首の形相を横目に見て、通路に首や手足ばかりか臓腑まで散乱しているあたりに狼の遠吠えを聞かせ、横手の植込がガサガサと音を立てる。小池に浮かぶ女の水死人は顔も手足も水ぶくれの姿を、天井の明りとりからの光線で浮き上がらせ、最後は蚊帳の中で口から血を流して断末魔の女の顔を、焼酎火の陰火が照らし出す光景。出口では白丁《はくちょう》に烏帽子の神主姿の男が、「お清め」といって榊《さかき》の葉で払ってくれるのは洒落《しゃれ》ている。木戸銭二十四文。この方はどうやら近年まで残ったものの原型に近いできのようだ。

六世菊五郎の天竺徳兵衛

『滑稽和合人』

泉目吉の人形が、お屋敷方や茶番用に迎えられて売れる中に、ばけもの人形の人気が高かったということは、当時の人士が、自身の生活の中の遊戯的な催しに、怪談趣味を採り入れるに至ったことを示している。墓場や寺を借りて、おどかしの仕掛を設けて置き、物をとりに、あるいは置きに行かせる試胆会《しだんかい》、集まった者が順々に怪談を語って、終るごとに行灯の灯芯を一筋ずつ消して暗くする「百物語」の催しなど。滝亭鯉丈《りゅうていりじょう》『花暦八笑人《はなごよみはっしょうじん》』（文政三年〔一八二〇〕より）『滑稽《こっけい》和合人《わごうじん》』（文政六年より）、梅亭金鵞《ばいていきんが》『妙竹林話七偏人《みょうちくりんばなししちへんじん》』（安政四年〔一八五七〕より）など一連の滑稽小説は、江戸の怠け者の独身グループ（能楽仲間〔のうらくなかま〕という）の安上がりの遊戯的生活を戯画化したものであるが、これによると彼らの享楽は、集まって一盃やることと水茶屋をまわる（喫茶店通い）こと、四季の遊山《ゆさん》に茶番を催すこと以外は、化けものごっこで人をおどかそうと企むことである。抱腹絶倒の化けものの失敗がいたるところに仕組まれている。戯画化されているとはいえ、当時モデルになったこうした人士がいたのであるから、あるていど実相をうがっていると思われる。前に述べた、うわばみの鼾《いびき》の件の前後などは、落語「おばけ長屋」の原型と見られるものである。その他、今、例をあげて筋を述べている余裕がない。和合人の中のさし絵一枚をもってこれに代えることにする。

なお、なになにの七不思議というものがいたるところでまとめられたのも、遊戯的意識と観光宣伝意識との結合と見てよかろう。不思議もお国自慢の一つとなり得たのである。七つ集めることは「世界の七不思議」「ヨーロッパの七不思議」（Seven Mysteries : Seventh Wonder）などといって世界的だから、多分、もとは近東あたりから出た習俗で、東西に延びたのだろう。地方としては越後のそれが全国的に名がとおり、江戸の町では本所（前項中「狸・狢」参照）、麻布などが知られていた。といって七つが正確に定まっていたわけでもなく、人により場合によって、ズレがある。越後七不思議にしても、今残っているもの以外に、言い伝えでは「雪女郎」や「かまいたち」が入っていたりする。また、真剣な怪異への恐怖などを離れた遊戯的意識のあらわれとして、たとえば江戸の八丁堀七不思議の中には「奥様あって殿様なし」などという馬鹿げたのがある。本来は「殿さま」の妻が「奥さま」で、一段低い「旦那《だんな》」の妻が「御新造《ごしんぞ》」なのだが、八丁堀に組屋敷のある、町奉行配下の同心の妻を、近所づきあいの町人がおせじに「奥さま」と呼んだ習慣を、奥様があって殿様がない不思議という、江戸ッ子のしゃれた皮肉に過ぎない。

再び血のあけぼの

安政から明治戊辰にいたる十五年間は、輝かしい明治開化の時代への前奏曲とのみ拍手するには、人間感情として、あまりに心残りの多いものである。血をもってあがなわれたのが革命の常であるにしても、主義を奉じて惨苦、命を落とした有名人のほとんどは、もう二、三年、ないし数年を生き延びていたら、維新の元勲として威張れたに違いない人々である。きのう彼らを叛逆者として処刑した藩論は、今日はもう手の裏を返したように、殺した先覚者の論を用いて恬然《てんぜん》としている。猫の目のように変わる政情の中で、やっぱり正直者は馬鹿をみ、要領のいい奴の保身術は栄達につながる。幕府追討の錦の御旗の御大将は、つい先頃、徳川慶喜といっしょに御所を守り蛤御門に長州勢を追っ払っていた西郷隆盛だった。明治の仇討として名を残した旧黒田邸の復讐事件は、そうした世情の象徴である。大功臣の父ばかりか母やいたいけな妹までも暗殺の凶刃に倒した怨敵一瀬直久が、その無法の犯行を忘れ去った顔で時流に乗り、新政府の下に判事として肩で風を切っている姿は、孤児、臼井六郎にとってがまんのならぬものだったに違いない。

しかしながら—女々しく愚痴を述べに出る志士の幽霊の噂は、ほとんど世に伝えられなかった。国事のために一身を賭した青年達にとっては、死は覚悟の前、新政開化の世を後に見たことだけで泉下に満足の笑みを浮かべたのかも知れない。せめてそう思うことが、今も彼らの功の余慶を蒙っていると信ずる後人としての心のなぐさめである。

それでも、この時代を背景に、国事にかかわりのある幽霊談として、噂にのぼり、あるいはひそかに囁《ささや》かれた怪異の二、三があった。いずれも知る人にはあまりに有名なことのみであるが、初めて興味を持たれる読者のために、備忘的に輪郭だけを列記しておく。

近代皇室の呪い

第一は、皇室尊崇の建前から、昭和十年代までは皇居内で秘事としてひそかに囁かれるのみで、ほとんど一般庶民の間には伝えられていなかった因縁話である。これは皇室の閨門に関することで、ことの起こりは幕末というでなく、またその時勢と関わりのあることでもないのだが、仮に事実としてその影響を考える宮廷内部の者にとっては、維新のごとき大事の場合こそ、とくに憂慮の種だったに違いない。睦仁親王（明治天皇）のごとき英邁の巨人が時に当たっていらせられたことを、非常な幸運と感じた理由があったのである。関係者の御名も詳しい事情も、わざわざ記す気にならない胸の重いできごとなのであるが、要するに、かつて、周囲の無残な迫害によって皇子の母となることを阻《はば》まれた一女性が、今後自分の一念によって、皇統の御男子には恵まれぬよう呪うといって死んだ、というのである。そうしてその後、内部の者には思い当たるようなことが多く、ずっと続いてきたのであって、世間が表面から見たのでは判らぬが、あてにされた女性が亡くなられるとか御健康に恵まれぬ皇子とか、皇統を継がれない事情ができるとか、いつも皇室周囲の人々が身の細る思いを続けてきたのだそうである。明治天皇も孝明天皇の御長子ではなく第二子である。だから事情を知る側近にとっては、国家存亡の時にこの御一人を得たことはとくに涙ぐましい喜びであり、御身に不慮のあやまちでもないようにと、日夜神仏に祈り続けたに違いなかった。京都の御所の庭には、問題の一女性のために設けた小さな祠があり、常に祭祀を怠らなかったのを、東京へ遷都の際もわざわざそのまま運び現在の皇居内へ移したという。明治天皇も正閨の御男子を得られず、かろうじて他の女性に一人の皇子(それも御病弱な)を設けられた。周囲はほっとしたが、まだ完全に呪いが解けたとは感じなかったかも知れない。その後の三代、ようやく御血筋の上に明るい御様子が拝されるのはなによりであるが、明治天皇が古来の風であった後宮のハレムを御自分の御代で打ち切りにし、次代から廃止されて一夫一婦制の実質的尊重を皇室自ら示された結果の清潔さが、かの悲運の一女性の霊を納得せしめもしたのであろうか。この件については、池田弥三郎さんの著書『日本の幽霊』に詳細な調査が叙されている。必要がある方はそれを御一読なされば よろしい。

田中河内之介

つぎは、近年とくに評判が高くなった田中河内之介《かわちのすけ》。寺田屋事件というのは文久二年(一八六二)の四月二十三日、伏見の薩摩藩船宿の寺田屋へ、薩摩の尊王派有馬新七以下と、他藩の同志が合して六十余名が会合。藩主久光が兵を率いて上京したのを、同じ目的の実力行使のためだろうと早合点して意気上がっていたところへ、そこまでふんぎりをつけたわけでなかった久光があわてて、腕の立つ家来どもを寺田屋へつかわして、無鉄砲な挙兵などやめうと説得させたが、乗りかかった船で承知するはずがない。ついに同藩同士の乱闘となり、有馬以下八人の犠牲者を出して計画は挫折、同志は船で薩摩へ送られる。ところがこの会合に顧問格（?）で加わっていたのが近衛家の秘書役のようなことをしていたと称する田中河内之介で、攘夷派の宮様から討幕の趣意書をいただいてきている、といって見せたらしい。本物かどうかは判らないが、近衛家へ照会しても後難を恐れてそんな家来はいないといったのか、とにかく引き取り手がいなかったと見えて、逮捕された薩摩藩の同志といっしょに船に乗せられていた。薩摩の若者たちは、やけっぱちで、あてにした殿様には背かれる、同志は斬られる、旗挙げは一夜にして夢となり、自分たちは罪人になる、むしゃくしゃ腹の持って行きどころがない。八当たりの吐け口を河内之介へ持って行った。あいつは騙《かた》りだ、山師だ、身分も、討幕の綸旨《りんじ》も、背後にある味方の話も、みんな嘘だ、あいつにだまされたのでこんなことになったのだ、ことによると敵方のスパイで、この結果を知っていたのかも知れないぞ、そういえば――から、そうに違いない、ということになってしまったらしい。それ詰問しろ、となって、ろくに弁明も聞かずに――山本有三氏は戯曲『同志の人々』で、田中の処置に困った藩の命令で、是枝真介が涙を揮って親友を斬ることに美化しており、菊五郎と六代目吉右衛門の初演以来、氏の名作の一つになっているが、実際は正反対で、ひどいものだったらしい。寄ってたかってなぶり殺しに斬りきざんで、瀬戸内海へ放りこんでしまった。田中にすれば口惜しかったに違いない。こんなところで同志からインチキあつかいされて殺されようとは思わない。後で海岸に上がった死体の傷は数十箇所あったという。死にぎわの呪いのことばと恨みのまなこが一同の胸に残った。

純真な若者たち、興奮がさめて、俺たちが間違っていなかったか、と思うといい気持はしない。祟《たた》りはすぐ始まった。狂気のように刀をふりまわして同士討ちするもの、船から海へ落ちて行方不明になる者、うなされてノイローゼになる者、薩摩へ着いて間もなく不慮の死をとげる者、少なくとも半数が、無事では済まなかったという、古代エジプトの王様の墓を発掘した連中の運命を思わせるような騒ぎになった。

もちろん、中にはその後も国事に奔走し、明治政府の重要人物として栄達の道を歩んだ者もあった。後の警視総監三島通庸《みちつね》子爵。日露戦争の総司令官大山巖《いわお》。しかし、栄華の邸内に宴果てて灯下に独り坐する時、疲れた眼《まなこ》に怪しき影をみることが果たしてなかったろうか。徳富蘆花の『不如帰《ほととぎす》』の浪子のモデルという大山元帥の令嬢は、肺病ではなくじつは癩病で不縁になったのだという。そうして、ああいう不幸も田中河内之介の祟りだ、という蔭口もあった。もっとも薩摩には癩が多く、大山大将自身がそうだという説もあった。写真を見ると、ちょっとそうかなと思われるような顔つきである。

この怪談も、中国地方や九州ではよく知られ、噂に上っていながら、明治時代の藩閥政府の薩摩の勢力に遠慮してか、東京を中心とした地方ではあまり公然と伝わらず、全国的にはそれほど知られていなかったものである。昭和時代に入ってから、にわかに方々で取り上げられ記されるようになった。心霊現象信者(?)である徳川夢声さんなどは、汽車の中で田中河内之介のことが思い浮かんだ時、つぎの駅に着いたらプラットホームの売店に田中河内之介と書いた背表紙の本がずらりと並んでいた、とかいう体験を、たいそう怪異実見談であるかのように抱えておられて、あちこちで発表され、それがまたこの名前を世に広めることにだいぶ役立ったようである。

坂本竜馬の幽霊

もう一つ。これは前の二つのように陰惨な怨霊でなくて、そう快な幽霊であり、しかも日本の運命にかかわる危機の一瞬に出現するのが、いかにもその人らしくて面白いのである。日本海の大海戦は明治三十八年五月二十七日の朝から八日へかけてであったが、敵バルチック艦隊の北上の日が重なるにつれて、国運をかけた決戦の日はいつかいつかと、朝野を挙げての憂慮は頂点に達していた。ちょうど一日前の二十五日の夜、皇后（昭憲皇太后）が御寝につかれてから、御枕辺をやや距《へだ》てたあたりに人の気配がするので、頭をあげて御覧遊ばすと、紋付に袴の武士らしい者が一人、平伏している。何者かとのおたずねに対して「草莽《そうもう》の臣、サカモトリョウマと申す者でございます。強敵を相手にわが海軍の決戦の日もいよいよ迫りましたが、幸に神明の加護を得て、私めもわが海兵の影身につき添い、外夷の脅威を必ず一蹴仕ります。なにとぞ御心安く――」といって消えた。朝になって側近の者に、坂本竜馬とは何者であるか、という御下問があったので、その事跡を御説明申し上げたという。翌日の日本海海戦は果たせるかな奇蹟的大勝利であった。

尊王と攘夷が一心同体だった時節に、大政奉還の推進役になりながら海国貿易策に眼を開いていた土佐の怪傑坂本竜馬は、幕府の海軍攻撃に抗して長州のために海援隊を組織した人物でもある。維新志士中でも確かに一頭地を抜いた見識を持ち、大胆な活動家でもあった。慶応三年に暗殺されなかったら、維新の功臣中の大立物として、板垣退助などは問題でなかったであろう。その奇矯な性情と天衣無縫の行動も近年では（真山青果氏の戯曲以来）常識になっており、事実、その伝記資料を見ても、天才的な実行家によく見る激しくわがままな性格、優れて論理的な一方、極端に衝動的な一面が察しられる面白い人物だが、それにしてもなぜ、天皇のところへ御挨拶に出ずに皇后さまのところへ現れたのだろう。生前の行跡《ぎょうせき》に見れば、フェミニストではないレィディーズマンに属した男である。もっとも霊の訪れに対し女性の方が敏感で、霊波受信器を心身に備えていない男性が多いと見え、せっかく霊魂が来てにこにこ笑いかけているのに相手の友人にはわからず、側にいた友人の妻君にだけ見えた、という例が、イギリスにもあった。あるいは古俗の信仰にあったとおり死霊には汚れがあって、さすがの竜馬も大帝の御威厳の前に姿を現すことができなかったのであろうか。

皇后様が竜馬の名をご存じなかったということは奇妙な気もするが、今でこそ維新史の事蹟も人物も、一般的に整理され淘汰されて、際立った名前が選ばれ記憶されているけれど、昭憲皇太后さまの時代とお育ちでは、そうではなかったろうと拝察され、無理もないのである。ともあれ、真に竜馬の死霊が存在し、現世の感覚に訴える能力があるならば、彼の性格からしても、いまだに諸説紛々、史上の謎となっている彼の暗殺者について「俺を殺した奴はどこそこの誰々ぜよ」と、史料編纂官のところか警察庁へでも教えに現れてもよさそうなものだ。やはり皇后さまは坂本竜馬の功績について御承知になったことがあり、意識の表面ではお忘れになっておられたのを、大事の時に当たって邦家の運命を御心配のあまり、その潜在意識に持たれた願望が竜馬の霊という形をとって御心を慰めに現れたものであろう。この幽霊談が世に伝えられたとおり事実であるならば、われらはまことにぶしつけながらその真相を右のように解釈しておきたいのである。

そうでなければ、太平洋戦争の時、坂本竜馬のやつ、いったいなにをしていたのだ?

第四章　現代と妖怪・幽霊

しんけいびょう

現代と怪異現象との関係について述べるとなれば、とうぜん、世界的背景を前提とし、近代のいわゆる科学的心霊研究の解説にわたらねばならない。それは本書の主題を逸脱することであるし、すでに予定の枚数を超えたこともあるので、以下はただ明治百年の風潮が、わが愛すべき〝おばけ〟をいかにあつかったか、その間に認められる社会現象のおもなものの、ほんの輪郭を瞥見しながら駆けぬけるにとどめる。数限りない資料の整理と考察は、また別の機会があろう。

否定される幽霊

さて、まず明治の新教育は、科学の旗じるしの下に怪異を否定したことはいうまでもない。固体でも液体でも気体でもない幽霊や妖怪変化は存在を許されないこととなった。「幽霊の正体見たり枯尾花」の古川柳の一句は、新時代の怪異観の金科玉条となった。

歌舞伎作者の生き残り河竹黙阿弥も『木間星箱根鹿笛《このまのほしはこねのしかぶえ》』という怪談芝居では、悪人の目先に見える殺した女の幽霊を「神経病」のせいだ、と新しがらざるを得なかった。

幽霊と天狗の像に門番をさせて「哲学堂」公園を中野に残した（現在は東京都が管理、筆者が東京でいちばん好きな場所の一つだ）井上円了文学博士は、大部な『妖怪学講義』をもって世に知られ、「おばけ博士」と呼ばれたが、怪異に対する解釈は常識的なもので、ほとんどことごとくを〝誤怪（錯覚、誤認）〟〝偽怪（詐術）〟などで片づけている。胸の上へ手を置いて眠っていれば唸《うな》される、という類である。もっとも最終的には、唯心論者として、大宇宙の力の根源を畏敬したけれども、自然の摂理の範囲内において、現象に物理への違反はないはずとしたのである。同氏の著『おばけの正体』中の「壁上の怪影」という一例のさし絵を示しておく。意味はいちもくで明らかであろう。

昭和のはじめに講談社が出した〝講談全集〟の『佐倉宗五郎』では、後半の怪談のくだりが全部省いてあったので筆者はびっくりした。「幽霊などというものはあるわけがない」と書いてあっておしまい。そうかも知れぬが、講談でそんなことをいってはいけない。

幽霊の復活

ところが十九世紀後半から、あちらでは新しい死霊肯定論が起こっていた。催眠術の効果、死者の霊を呼んで身につけることの上手な霊媒（日本の巫女《みこ》と同じ作用）の続出、などが契機となって、科学者や心理学者の中に死者の霊魂の働きや、肉体的感覚を離れた遠覚作用などを認める者が現れ、科学的・実験的に、霊魂の独立（肉体を離れた）した働きの有無を研究する学派が発足した。近代心霊学（Modern Spiritualism）の誕生である。原子の認

哲学堂にある井上円了博士の考えた幽霊（左）と天狗の像（右）

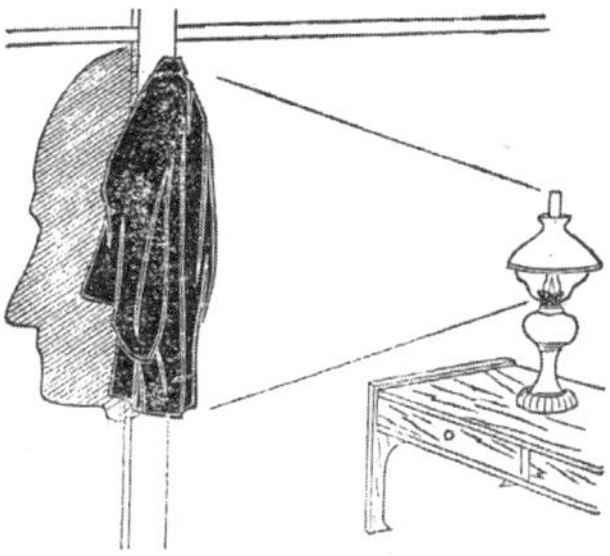

「壁上の怪影」
（井上円了著『おばけの正体』から）

識を一歩進めて今日の核理論へ近づけた「電子論」の権威であった英国のオリヴァ・ロッジ卿（Sir Oilver Lodge）やダーウィンとならんで進化論の唱導者だったウォレス博士（Dr. Alfred R. Wallace）などが心霊信者の急先鋒だった。

死霊説と生霊説

こういう、物質科学に没頭して、その奥にあるみえざる力の根源を究め得ないと感じた人々が、神秘の世界に入っていくのは面白い。簡単に結果をいうと、これら一団の研究家は、死者の人格らしいものの憑霊現象や、幽霊のような姿が現れたり、普通の人間の能力で起こし得ない奇妙な物理現象があったりする事実は認めたが、解釈は二派に分かれた。素直に死霊の働きと認めるロッジ博士らと、たとえ霊波とでもいうべき見えない物の働きを認めても、それは生きた人間から伝わってくるのであろう、その方が、—今日のたとえでいえば—こわれたラジオやテレビが電波を発するような死者の生命を信ずるよりは正しいとするポドモア(Frank Podmore、心霊作用研究会 Society for Psychical Research の書記長。会長がロッジ卿だった）らの説とである。ポドモア派では、霊媒に憑いて現れる死者の態度や話の内容がいかに死者の生前の個性や知識を示していても、それはその生前を知っている人の心に残っているイメージから無意識に伝わってくるのだとする。幽霊のような視覚現象についても同様である。いわばロッジ流を死霊説、ポドモア派を生霊（いきりょう）説とでもいうか。これは今の日本でもなお絶えない幽霊実見談を解釈する上にも興味があるので、書き漏らすわけにいかなかった。生霊説の切り札とするところは、どんなに本物らしい死霊が霊媒の口を借りて語っても、それがまじめなものであればあるほど、こちらがいちばん教えて貰いたい死後の世界の次元的位置や社会組織、生活状態、現世との物理関係、などを説明できずに消えてしまう、ということである。その中の幾人かは、「俺が死んだら死後の世界を説明しに来るからね」と約束して死んだ心霊信者の学者の霊なのである。

日本でも明治末から大正初期へかけて、催眠術の流行とともに、透視術、千里眼（遠感作用）など、超人的な自称霊能者が輩出し、心霊現象研究で博士となった福来友吉氏を中心に盛んな実験が行なわれ、世の好奇心を呼び、新聞のたねとなった。水をかけたようにその流行が廃れ去った後も、今日なお、真剣に、日々に進歩する科学的条件や方法の下に、研究を続けている心霊信者や半信者の群が続いている。

異常現象の常識化を利用して、手軽に信ずる人を欺いて商売のたねとするインチキ霊媒も贋超人も後を絶たない。こうした詐術の暴露や迷信打破のために戦い続けた人々もあった。明大教授小熊虎之助氏はその一人であった。また、異常心理研究家の秋山命澄氏や、奇術の女王天勝一座の文芸部長だった石川雅章氏らが、その運動を続けておられた。

筆者は心霊信者にも否定者にも与するほどの知識を持たないが、ただ前記の生霊説の切り札とする点について、今もなお、「科学的」心霊学徒から納得のいく反論もなく、わざと触れずにとぼけているようにみえるのはものたりない。

郷愁の美学

物質文明追跡の百年、合理化の百年、夢と詩情の後退とともに、怪奇現象芸術はさすがに衰微した。絵画も文芸も、毎夏の映画館の盆興行の怪談物ほどの昂奮を呼ぶことはできなくなった。

鏡花と綺堂

一流と呼ぶべき文芸はわずかに泉鏡花一人である。感触と幻覚との混淆が、直接的にことばになって表現されるその文体の美は奇妙という以外にしかたがない。『陽炎座《かげろうざ》』という短編、自分にはあれ一つで充分である。シナリオなしにあれをそのまま台本として、観る者を幻覚に惹き入れる映画を作り得る演出者があれば、それでこそ映画監督である。文芸史上で氏の代表作とされる『高野聖』は氏としては稍《やや》お上品すぎて色彩が薄い。『薬草取《やくそうとり》』の結末、医王山のお花畠の花盛りのまっただ中に笑みを浮かべて立った女の幽霊の消え行く姿の、最後の一瞬、眼底に残った印象がうるわしき眉の一筋であるという、あの瞬間こそ氏の本領である。

岡本綺堂氏の怪奇読物の要領は、淡々として叙しきたり、怪異の原因も理由も究めないままに日常茶飯事のごとく打ち切る、本当らしさと「わからぬ」ものの怖さである。茶飯事的叙述の密度のよさは格別だ。芋銭《うせん》居士（小川芋銭、画家。慶応四年生まれ。スケッチ漫画を新聞に発表し、俳句雑誌「ホトトギス」などに挿絵や表紙を描く。なかでも数多くの河童の絵は有名。昭和十三年没。）の河童や獺の飄々澄洌たる趣は、文明百年の絵画中の例外的快技と認めてよい。

構想の合理化へ

怪談作家アラン・ポウによる探偵小説の誕生の意義の一つは、前代の怪談文芸すなわちゴシックロマンスの合理化という時代の要求にあった。怪異と見える惨劇、物理的に不可能と見える犯罪、それが、合理的な犯人の詐術《さじゅつ》として説明され解釈される満足であった。怪奇の科学化である。ここでわれわれは、かの三遊亭円朝の人情話で、百年間も足のなかった幽霊にカランコロンの下駄の音（じつは凍りついた冬の道ならとにかく、夏場でしかも駒下駄というのだからおかしいのだが、そこがおばけのしわざか）を復活させて評判をとった牡丹灯籠において、その幽霊にとり殺されたと見せて、じつは下男の伴蔵が萩原新三郎を絞殺して黄金の観音像を奪い、墓場から拾って来た白骨を死体の側に置いて怪奇を仕立て上げておき、逃げたのだった、という構想が、まさに明治合理化時代の新作家としての先駆ぶりを示していることに注目し、喝采したい。

宇宙開拓時代の到来は、しばらく物理の世界で未知の領域への新しい夢をもたらし、いわゆる科学小説S・F（Science Fiction）は先覚者H・G・ウェルズ以来五十年にしてにわかに飛躍的進展を見せた。いや現実の世界にさえ、「空とぶ円盤」という怪物の来訪が信じられつつあった。ところが、そのSFが全盛のあまり新奇を求めて突き進み、題材の振幅を拡げている間に、近時はまた嘘にも科学などとはいえない超理的な怪奇・空想の域へと戻っている。まことにSF傑作年鑑の編者メリル女史の指摘したとおり、もはやSFのSはScienceでなくしてSurpriseでもSuspenseでもかまわず、FはFableでもFantasyでも差支えないことになった。怪談を笑った青年子女が、平気でそれに読みふける。科学と機械に食傷した時代の夢が、やはり先人たちのそれと同じ反物理的な怪奇にあることが証明されつつある。

見たよ見ましたネオンの蔭で

まったく、追っても払っても去りがたいものは怪異への信仰、というより、怪異を信じたい欲求、といった方が妥当であろう。この科学時代の百年、教育的に、知識的に、怪異を語ることはほとんど禁制といってもよい空気の中で、なんと多くの人が真剣に超物理的体験を語ったことだろう。しかもその世に発表され伝えられるものには、信望ある有名人のそれが多いではないか。それらの話が経験として―少なくとも御当人の主観として―嘘であるとはとうてい思えない。たとえばもっとも有名で、信ずべきものとして、乃木将軍が若年の時分、演習地の民宿で幾晩も続けて見た女の幽霊というのがある。あとで聞いたらその部屋で気の毒な死に方をした女があったと判ったが、自分が事情を知って泊ったなら気のせいで見たということもあろうが、その時はなにも知らなかったのだから、―世に不思議なできごとなど滅多にはないが、たまには判らないこともある、と、晩年に学習院の院長として生徒達に話している。嘘をつくような人柄ではない。いかにも死霊の存在を立証しているような話だが、ここで本章「幽霊の復活」の項で注意した生霊説にあてはめてみると、死霊の独立存在を認めないでもよいことになるのだ。その家にも留守番の婆さんがいて、乃木さんの身辺の世話をしてくれた。少なくともその人は事情を知っているし、そうでなくとも隣近所の人たちの胸には問題の女性の面影があるに違いない。そこから生理的に霊波にのせて映像が送られたのだと説明されてしまう。

筆者の周囲にも

多くの書に重複して採られている有名な例のいっさいを今日は省略して、わざと、筆者の身辺の者から直接聞いた例のみにとどめる。

幽霊と違って狐や狸に化かされた話は明治以後の世ではさすがに少ない（たまにはあるのだが）。動物園の檻を脱け出せないから彼らの信用はもうゼロだ。それでも私の母親など、明治の三十年頃であろうか、お茶の水の今の女子大の構内を通り抜けるのに、暗くて提灯を持たねば歩けない時代だった。バサッと提灯を叩かれて灯が消える。調べてみると、中の蝋燭がない。狐にとられたのだ、と今でもまじめに信じている。まだ狐の穴があちこちにあったという。

筆者の兄は昭和十八年の戦時中、病気の妻を置いて急用で満州へ渡らねばならなかった。その汽車中で、入口の扉の辺に、はっきり妻の姿を見た。絶対に寝ぼけたりはしていなかったという。間もなく妻が死んだという電報を受け取った。

筆者の友人の宇野利泰氏(翻訳家)も出征中の友人の姿を、街頭で、通りの向こう側に見かけたそうである。戦死したことは後日知った。

この二例とも、当人の死後のことだとは断定できないところに注意すべき点がある。二人とも口を揃えて、死の前後、あるいは同時ぐらいではなかったかというのである。死にぎわには生体が特殊な力でも出して霊波(そんなものがあるとすれば、だが)を放射するのかも知れない。そうとすれば死霊でなくて、これもポドモアの勝である。いずれにしても、永年、一度ぐらいは幽霊に会う経験もしてみたいと思っていて見られない私などには羨ましい話だ。

人魂ならば、私も一度ならず見たことがある。少年時代の住居が、今の文京区大塚仲町で、伊達の下屋敷かなにかの跡を住宅地に直した所だった。大名邸の庭の跡、そんな故だろうか。絵に書いてある黄色いおたまじゃくしのようなのも、紫色にぼやぼやと燃えているかたまりも、どちらも本当なのだということがよく判った。紫の方などは、地上をふわふわと行くのを、もう少しでつかまえそうになったが、溝の中へ消えてしまった。そういう時ほど自分は教育の効果に感心したことはなかった。こわくもなんともないのが(小学校上級の頃)、燐だ、不思議はないのだ、とつねつね教わっていた故だと自分ですぐ感じた。今、人に話してもなかなか信じてくれない。なにかを見違えたのだろうといわれる。そうでないことを説明するのは難しいものだ。やはり実見者でないと感じは判らない。幽霊の実見談なども、ただ、けなそうと思えばやさしい。

物霊無差別

原子、いや、その区別はまだその名に適さなかった。さらに電子と核。核をつくりあげている陽子、中間子。結局物質の区別はどれも同じこまかい粒の組合せによるのだと判ると、宇宙一元、しかもそんな小さな粒が何億分の一秒という時間で移動していたりすると、われわれの感覚では、物と呼んでいいか、形のないエネルギー自身と考えてよいか、神と呼び、梵と想定した古代人の直感に感心したくなる。霊物一如、いまさら唯心論、唯物論で目くじら立てる要はなくなった気がする。

霊化して固体を貫通する魔力は、病原体のウィルスが土器を通り抜けるのと同じで、不思議でもなんでもない。かくして、従来の怪異がそのまま物理的に認められる時代が来ようとしている。

ゴジラは誇る

その核の組成までも人力がもてあそび、分裂の放射能が人間の駆使するエネルギーとなったので、新しい怪物の夢を生む口実を科学が与える現象が起きた。

事実、放射能の実験は巨大な虫や、頭のいくつもある獣類や、いろいろな奇形を造り出しているそうであるが、太平洋戦争後間もなく、核実験の放射能を受けて、永年海底に仮死状態で眠っていた古代の巨獣が復活して活動し出すという想定で、恐竜に似てさらに巨大なゴジラという怪獣を創造して大規模な空想映画を立案したのが、生物学応用のファンタジー小説で売り出した香山滋さんだった。こうした巨獣大暴れの特殊撮影作品はなんといっても映画の特性の一面を示すもので軽視できないジャンルである。大正十三年の「ロスト・ワールド」は南米アマゾンの奥地に巨大な爬虫類の残存していることを仮定したコナン・ドイルの小説を映画化したもので、日本でも大好評。その後、昭和九年には巨大なゴリラを主人公としてニューヨーク市街のぶちこわしを見せた「キング・コング」がセンセーションを起こし、いずれもアメリカ映画であった。戦後にいたって、わが「ゴジラ」がトップをきったのである。アメリカへ輸出された同作品は、彼の地での拙い再編集や、スタンダード版をシネマスコープに直したために、はなはだ効果を損じたにもかかわらず、東宝株式会社のベテラン円谷英二氏を指導者とする特撮技術は、世界に知れわたることになった。その後は英米ともに模倣作品を連発、同類には巨大な蜘蛛、豚ほどの鼠など、実物を拡大して撮影する便利な作品も現れた。日本でも奇獣、怪鳥、珍獣……、映画とテレビと合せれば、もう数百種の怪物が創られたことであろう。近頃はあちらでも下火、日本でも馬鹿にされているが、カーロス・クレアランス氏（米）はその著『恐怖映画の歴史』の中で円谷氏の功を認めるとともに、主人公の若い科学者がカミカゼ特攻隊的な自爆によってゴジラを滅ぼし国を救う結末を日本らしい筋立てだと注目し、また「地上唯一の原爆被災国たる日本が、映画の上では大量破壊趣味の先進国となった。」という意味のことを述べている。苦笑を誘うが、作者香山氏には、原爆に対する諷刺の意図が、あったのである。

ついでながら、すでに現在のわが国民の娯楽生活で常識の中にくり入れられているものであるから、外国映画を通して入ってきた妖怪・悪魔のおもなものについて一言しておかねばなるまい。

昭和十年代までは、米国ユニバーサル会社作品を主としてわが国の映画ファンに親しまれた怪物は、ベラ・

蛇女（英国映画）

狼男

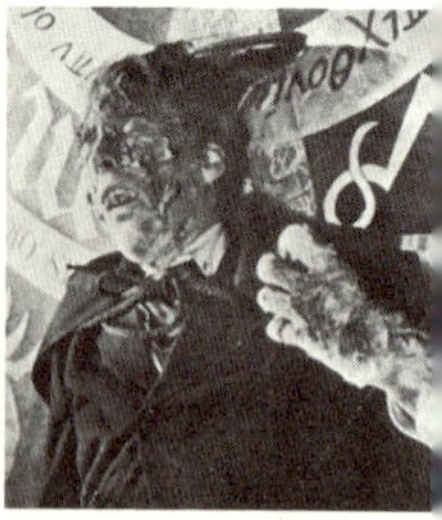
ドラキュラの最期
（英国映画）

ルゴシの演ずる吸血鬼ドラキュラや、ポリス・カーロフのフランケンシュタインの人造人間（？）ぐらいがおもなものであったが、戦後は、ドラキュラの傑作をつくった英国のハマープロダクションの作品を主軸として、坊ちゃんのおなじみがだいぶふえた。ドラキュラ・フランケンシュタイン・狼男は続々と新作が出たし、ヴードゥー教の呪術も見せられるし、コブラの呪いで相好が変わり、脱皮までする蛇女さえ現れた。怪獣映画同様、数多くのデザインでくふうをこらしてつぎつぎと現れはするが、人間の想像力はたいして変わりばえもしないものだ、と苦笑させられる場合もある。ここに掲げる三つのさし絵をくらべてごらんいただきたい。文芸復興期の西洋海坊主と、草双紙の海の怪獣と、アメリカ映画のアマゾンの半魚人と、なんとよく似ているではないか。

日本では映画のお蔭で常識化されたが、右の材料となったもののうち、一般的なものの伝説や由来を簡単に述べておく。

ドラキュラのような吸血鬼、つまり、夜中に棺から起き出して人の生き血を吸って歩く死人の伝説は、ヨーロッパ固有のものと、昔近東方面から欧州へ移入されたものとの二系統が合体して根を下ろしたらしく、これに血を吸われて死んだ人は自分も吸血鬼になってしまう。しばしば蝙蝠その他の動物に姿を変えて人に近づくことがある。すいかずらやある種のにんにくのにおいを嫌うこと。十字架や十字形を恐れ、陽の光にあたると滅亡するので日没から夜明けまでしか活動できない。鏡に姿が映らないから普通の人と見わけられる。これ

日本の河童

アマゾンの半魚人
（映画）

西洋の海坊主
（ルネサンス時代のドイツ）

をほろぼすには棺に寝ているところを心臓へ杭を打ちこめばたちまち朽ちはてる。それまでは何百年前に死んだ人でもその時のままの姿でいる。以上のような条件を背負った「生きた死体」の迷信だが、昔、暴政に苦しむ領民が夜逃げしないように、領主たちが「夜、出歩くと吸血鬼がこわいぞ」と宣伝させたので、盛んになったというのはおもしろい。この伝説も古くばかばかしくなって、一九一〇年代に米国でセダ・バラという毒婦役専門の映画女優の人気がもとで、「男から何もかも吸い上げて滅ぼす」という意味で毒婦役のことをヴァムパイヤ（吸血鬼）、略してヴァムプなどと呼び、本物の方はすたれていたのを、ドラキュラ劇やその亜流の流行から、ヴァムパイヤという言葉も本来の意味に戻って来た。「ドラキュラ」という気どった伯爵の吸血鬼は、プラム・ストーカーという作家の、十九世紀末の長編小説で、その舞台劇化が一九二〇年代の末にニューヨークで大当たり、主演者のベラ・ルゴシをそのまま使ってユニバーサル社が一九三一年に映画にした。活劇や猟奇的作品で有名だったトド・ブラウニングという監督としては、実はこの作品、不出来なもので、筆者なども、前評判の割にあまり物足りないので、当時の事ゆえ、警視庁の検閲でカットが大きかったせいかと思っていたが、とにかく興行的には成功で、怪優ルゴシの名もすっかりおなじみになった。一九五七年になって、英国ハマー・プロダクションがすばらしい力作を発表、以後、恐怖映画は同プロに限るようになり、監督テレンス・フィシャー、俳優クリストファ・リー（吸血鬼）、同ピーター・カッシング（吸血鬼の退治役ヴァン・ヘルシング教授）はその道の金看板になった。

同じユニバーサル社が凄い風貌のボリス・カーロフに凝った扮装をさせて有名にした「フランケンシュタイン」は百年前の英国の大詩人シェリーの夫人だったメアリ・シェリーの原作。フランケンシュタインは怪物の名ではなく、死体の内臓や頭脳を移植して継ぎ合わせて再生させ、グロテスクな怪人を創り出した博士の名前だ。この再生人間が殺人鬼になって町を恐怖に陥れるのだが、欧州にはバイエルンを中心にオーストリアやドイツにゴーレム伝説というのがある。石像または銅像に魂が入って暴れ出す話だ。フランケンシュタインの怪物は、それをある程度科学化し、現実的にした作品で、怪談からＳＦへの転換期のハシリとも見られる。ゴーレムの方は無声映画時代にドイツの名優パウル・ウェゲナーの好みの題材で、一九一〇年代から二〇年代のはじめにかけて、数回演じている。その後一九三六年にフランス映画で例の大監督デュヴィヴィエが、名優アリ・ポールを使って、物凄く大きい像が動き出して、暴君に反抗する人民の先に立って荒れ回る筋にして作っている。一九六〇年代に大映が当てた〝大魔神〟シリーズはその真似だが、さすが時代の進歩で、特殊撮影の見事さは、かつてのデュヴィヴィエ作品などより遙かに優れたものだった。

ボリス・カーロフはこのほかに、ユ社で「ミイラ」（日本題名「ミイラの再生」）という、発掘された古代エジプトのミイラが動き出して殺人をし、女をねらう物語を一九三二年に作り、その後もいろいろな俳優に演じられ、むろんハマープロでも手がけたが、これは十九世紀以来エジプト遺跡発掘にたずさわった人々が多く謎の怪死をとげたという噂から思いついたもので、〝エジプトの呪い〟は怪奇小説の好題材として、多くの作家が取り上げているところであるが、全身をほうたいのような布で巻き固め、顔も見えないミイラが、緩慢に歩きまわっても、われわれ日本人にはどうもあまりこわくない。伝統という精神的背景の違いであろう。

「狼男」は人間が狼になって夜行し、人を食い殺して歩く。本場は（?）オーストリアあたりの東ヨーロッパで、よく羊が食われるという。日本の化猫《ばけねこ》のような役回りに当たるし、精神が狼化《おおかみか》するところは狐つきにも似た現象だ。そういう血統の家があるといい伝えられているのは、四国の狸にも似ている。歯と指の形に特徴があるという。狂人の変態的殺人と、本当の狼の仕業とが、混同して伝説化されたものであろうといわれる。妙な狂気とすれば、血統論も半ばうなずけることである。映画での「狼男」は一九三五年頃のユ社で、ヘンリー・ハル（Henry Hull）という役者が演じた「倫敦の人狼（Werewolf of London）」が初めで、発作《ほっさ》が起きるとだんだんジーキル・ハイド式に顔や手足が狼に似てゆく特殊撮影が売り物だったが、そんなに大したことはなかった。満月の夜に発作が起きるが、月光で花を開くチベットの植物の汁を塗れば防げる、などということがつけ加えられてあり、その後の作品では、雷雨の時に洗礼を受けた赤ん坊に狼が憑く、としたものもあった。どうせ出たらめだから何でもよかろう。なお、あちらでは、虎や豹との関係についても、同じ現象を言い伝えている。

その他、黒ミサといって悪魔の儀式を行なって神変自在の力を得ようとする、昔からの邪教の集会や、人形を使って呪いをかけるのが我国のわら人形に似ている西インド諸島の妙な宗教など、研究家は別として、われわれ一般人としては、文字で知るより映画のおかげで、目から先におぼえさせて貰ったことだった。

さらば善き霊よ

林房雄氏はその著『緑の日本列島』で、理想の把持と大なる物への奉仕の心とは明治とともに滅びて、現在はまったく無規制な自我の主張の時代となったと、嘆いておられる。身にしみてそのとおりだと、私も思う。

また、反実存主義派のコリン・ウィルソン（Colin Wilson）氏はその編著『現代殺人百科』（関口篤訳、青土社、一九八八年刊。原書名 Encyclopaedia of Modern Murder）の序文において「現代に殺人がふえたのは、人間の残忍性が増したのではない。物質科学の進歩が否定した神の権威のかわりに、新しく畏れ従うべきものを生み出さなかった結果、人間は信ずべき厳粛なものがなくなったので、人生を軽視することになったからだ。他人の人生も気軽に奪えるのだ。」という意味のことを述べている。これもそうであろう。

人生を軽視するならば、他人の生ばかりでなく、自己をも軽視しなければならぬ。それは、自我の主張とは、純粋な意義において矛盾するはずではないか。

もしこの若者どもが己の生を軽視しているくせに、死に当たって「俺は消えたくない、だから消えない権利がある！」と叫ぶとしたら、それこそ幽霊になるよりほかはあるまい。その時、あとの世代を背負う人たちが、これをあざわらって見送る心境にあることを、ぜひそうであることを、切望し、かつ信じたいと思う。

あとがき

一、いつも私の仕事に心からなるご支援をいただく岡田甫さんをはじめとして、貴重な資料を提供して下さった林美一氏、綿谷雪氏などの皆さんに厚くお礼を申し上げます。

一、本文中、「氏」はまだ知遇を得ない方々、「先生」は多少にかかわらずご教導を賜った恩師、「さん」は多少とも存じ上げておるお人です。

一、先覚江馬務氏に『日本妖怪変化史』という名著がある。氏の名声に恥じぬ労作であり特に上代から中世までの例話を、より多く求められる読者は、ぜひ同書を併せ備えられることをおすすめする。

一、本書の図版は尾崎久弥氏の諸著から孫引きしたものが多い。初版の発行と同時に、同氏からお怒りもなく御好意に満ちた御教示をいただいた。林美一氏その他からの懇切な御叱正と併せて、幸いに再版に当り、不充分ながらつとめて誤りを正し、改めて先達諸氏への感謝に堪えず、同時に著者として初版本を破棄し尽したいほどの心境にあることを付記します。

一、現今の歴史教育が人物本位でなくなったことや、事象の選択が戦前の教育と大分に異なっているため、いわゆる戦前派には常識であった「昔ばなし」の多くを、今の若い人は意外なほど知らない。そこで、若い読者にもおおいに読んで頂きたい本書の趣旨から、わかり切った説話まで一々概説した。じれったい点はご諒恕下さい。

一、本書は昭和四十三年十二月に初版を発行し、昭和四十六年七月上旬に増補改訂を行なって発行、昭和四十九年三版を数えたものを、装丁・組版を新たに新装版として発行するものである。

著者

【著者紹介】
阿部主計（あべ　かずえ）
1909年　東京に生まれ。
慶應義塾大学文学部国文学科（旧制）卒業。
日本推理作家協会名誉会員。
2006年逝去。

■主要著書
『伝統話芸・講談のすべて』、雄山閣、1999年

■翻　　訳
『カナリヤの爪』（E・S・ガードナー）、早川書房　ほか多数

平成28年7月25日 初版発行

《検印省略》

雄山閣《ゆうざんかく》アーカイブス 歴史篇《れきしへん》
妖怪学入門《ようかいがくにゅうもん》

著　者　阿部主計
発行者　宮田哲男
発行所　株式会社 雄山閣
〒102-0071　東京都千代田区富士見2－6－9
電話 03-3262-3231㈹　FAX 03-3262-6938
http://www.yuzankaku.co.jp
E-mail　info@yuzankaku.co.jp
振替：00130-5-1685
印刷製本　株式会社ティーケー出版印刷

Printed in Japan 2016
ISBN978-4-639-02431-6　C0321
N.D.C.201　192p　19cm